ANALYSE

RAISONNÉE

DU CONTRAT SOCIAL.

ANALYSE

RAISONNÉE

DU

CONTRAT SOCIAL

DE J.-J. ROUSSEAU,

AVEC DES

RÉFLEXIONS CRITIQUES ET POLITIQUES.

par M. de Bonas,

MAIRE, EX-AUDITEUR AU CONSEIL-D'ÉTAT,
SOUS-PRÉFET DE L'EMPIRE.

« La force n'est rien,
un principe est tout. »

A AUCH,

IMPRIMERIE ET LIBRAIRIE DE L.-A. BRUN,
PLACE ROYALE.

1835.

OBSERVATION.

L'auteur de l'Analyse prévient le lecteur que parmi les chapitres dont se compose cet Ouvrage, il en est quelques-uns qui offrent plus particulièrement quelque intérêt à la curiosité. Ce sont les suivans :

Nota. Les lignes renfermées entre deux guillemets sont tirées textuellement de l'auteur du *Contrat Social.*

Celles en lettres italiques appartiennent à d'autres auteurs.

Madame Zénon de Quennefer.

C'est à toi, ma chère fille, que je dédie cette analyse raisonnée du *Contrat Social* de J.-J. Rousseau. Le sujet est sérieux, je le sens, pour une jeune femme qui vit encore sous l'influence du prestige de l'âge et dans les douces illusions du temps orageux de la vie. Cette analyse que j'avais commencée depuis plusieurs années, je viens de l'achever, en y ajoutant de nombreuses réflexions critiques et politiques. Elles sortent aussi de la sphère ordinaire de tes lectures. C'est ton absence qui m'a fait naître l'idée de ce travail. Pouvais-je trouver, ma chère fille, dans le vide affreux que j'éprouve loin de toi, un plus grand motif de consolation, qu'en consacrant mes chagrins loisirs à commenter et réfuter même quelquefois les principes politiques du grand publiciste de Genève. C'est donc en pensant à toi, ma sensible et généreuse Antigone, (à toi, dis-je, que tant de vertus font chérir), que j'ai mis la dernière main à cet ouvrage.

Un jour, peut-être, lorsque la parque inexorable aura tranché le fil d'une vie qui te fut consacrée tout entière, tu voudras jeter un regard d'intérêt sur ce faible essai, tu te rappelleras qu'il fut le fruit des méditations d'un père chez qui le cœur battit toujours pour toi avec tendresse comme sans regrets. Semblable à la fille consolatrice de l'époux de Jocaste, tu seras le guide fidèle des pas chancelans de mes vieux ans, et comme lui, te pressant dans mes bras, je pourrai t'assurer que ma reconnaissance égale mon bonheur.

Reçois, ma chère fille, ce doux et juste hommage, que le meilleur des pères s'empresse de rendre à ton amour attentif de piété filiale, ainsi qu'à tes vertus sociales et à tes qualités aimables.

Ton bon Père

Bonas.

INTRODUCTION.

L'accueil bienveillant qu'a reçu du public mon Mémoire imprimé, il y a quelques mois, sur la viabilité des chemins vicinaux, m'a encouragé à faire paraître cette Analyse raisonnée du *Contrat Social* de Jean-Jacques Rousseau, à laquelle j'ai osé ajouter des réflexions critiques et politiques. Pendant mon séjour dans la capitale, en 1800, où je m'occupai spécialement d'un cours de législation générale, je reçus l'invitation de mon professeur, M. Perreau (mort, à Toulouse, inspecteur-général des écoles de droit), de lui présenter, pour être offert au concours des prix de l'école centrale, une analyse raisonnée dudit *Contrat Social.* Ce travail entrait dans l'étude de la deuxième division (le droit civil) du grand cours de législation générale. Depuis cette époque, rentré au sein du foyer domestique, je me livrai à d'autres occupations et notamment, depuis plusieurs années, à l'agriculture. Cependant, je le redis encore, l'extrême bonté avec laquelle mon Mémoire précité fut accueilli a été pour moi un si grand encouragement, que j'ai senti renaître, avec ma vive reconnaissance, une nouvelle émulation. Puissent ses œuvres répondre à l'indulgence consolatrice de mes lecteurs. Cette Analyse a été considérablement augmentée de réflexions politiques, (fruit d'une expérience de trente-cinq années passées constamment en traversant la révolution), depuis l'époque où j'y travaillai pour la première fois. Je sais combien mon entreprise est hardie et au-dessus de mes forces : je n'ai pas la prétention d'offrir au lecteur des idées neuves sur cette grave question; mais seulement le désir de lui présenter, non sans une juste timidité, la lecture du *Contrat Social* faite, la plume à la main, avec mes observations particulières.

Le grand Montesquieu, dans son immortel ouvrage de l'*Esprit des Lois,* n'a parlé que de leur partie positive. Rousseau a eu pour but d'aller à la recherche de leur sources. Le *Contrat Social* doit être regardé comme le premier chapitre de l'*Esprit des Lois*, puisqu'il en est la partie morale et philosophique.

Pour prouver ce que je viens d'avancer, il faut remarquer, en effet, que Montesquieu a dit, avec cette éloquence persuasive qui lui est si ordinaire, que les hommes ne se sont rapprochés que par le besoin, l'intérêt et le plaisir. Ces mêmes motifs, qui les poussent sans cesse à vouloir jouir de tous les avantages attachés au pacte social, font aussi qu'ils cherchent, par suite de ce *moi humain*, à ne pas en supporter les charges. Voilà la source de toutes les animosités qu'on voit dans la société. Les lois sont évidemment le lien plus ou moins puissant destiné à mettre un frein à leurs passions et en susprendre les funestes résultats. Pour que les lois soient efficaces, il faut qu'elles soient relatives à leur nature, c'est-à-dire à leur principe constitutif. Voilà ce qui les soutient et les fait agir. Cette distinction si importante a été développée, par le grand publiciste français (Montesquieu), avec cette force de raisonnement et cette logique pressante, dignes apanages de l'illustre écrivain dont le livre est regardé avec raison comme le code des nations. L'univers lui paie ainsi le juste tribut de sa reconnaissance. Je pourrais ajouter que sa grande voix retentit dans l'espace, et, debout à la porte de son tombeau, les siècles l'écouteront attentifs et muets.

Le philosophe de Genève (Rousseau) a voulu savoir si, dans l'organisation civile, il pourrait exister une administration légitime et constante. Il n'a point cherché à corriger les hommes; mais il a écrit les considérans tels qu'ils sont, et les lois telles qu'elles peuvent être. Il a cherché aussi d'allier toujours ce que le droit permet avec ce que l'intérêt prescrit, afin que les deux grands principes d'utilité et de justice ne fussent jamais séparés. Rousseau a positivement remonté à cette première convention tacite, qui sert de lien indispensable aux sociétés, et l'on peut dire de lui : *Le genre humain avait perdu ses titres, Jean-Jacques les a retrouvés.*

Après ces réflexions préliminaires, j'arrive à cette partie de l'introduction, qui est ma pensée toute entière. Elle sera peut-être un peu longue, mais je prie le lecteur de se mettre dans ma position. J'analyse un des principaux ouvrages parmi ceux qu'enfanta la plume éloquente de J.-J. Rousseau. Il vécut et termina sa carrière sous l'influence de sentimens républicains. Jean-Jacques fut en effet l'homme aux illusions sous tous les rapports possibles. Il n'eut jamais que de bonnes intentions basées sur un grand amour de ses semblables. Il fut de bonne foi dans ses opinions sur le meilleur des gouvernemens, et pourrait-il avoir d'autres convictions, lui qui fut nourri dans sa patrie des idées de démocratie? On doit dire encore qu'il tomba dans beaucoup de paradoxes, lorsqu'il voulut donner des lois politiques aux autres nations.

Je ne veux pas paraître autre que ce que je suis. Je ne suis pas républicain. Purement analyste, je n'apprends rien de nouveau, et je dois, avant tout, me renfermer dans la résolution des principes manifestés par l'auteur dont je m'occupe, et si je m'écarte quelques fois des théories qu'il a énoncées, c'est pour y mêler des réflexions que je crois utiles à la société, et éviter souvent des interprétations fâcheuses dans leur application. Il suit naturellement de ce que je viens d'exposer que je dois au public une explication sur mes opinions politiques; car, je le répète, on pourrait croire que mon ouvrage est celui de la conviction, et que je partage avec enthousiasme les opinions démocratiques de l'illustre philosophe genévois dont j'ai la témérité d'entretenir le lecteur. Non : ses convictions ne sont pas toujours les miennes; il en est beaucoup que j'approuve; mais je ne puis oublier que, si Rousseau a écrit pour l'époque de l'origine des nations, j'écris en ce moment pour un peuple qui est arrivé à son apogée de civilisation dont il a parcouru le cercle. Il n'entre point dans mes intentions d'en présenter les dangereuses conséquences qu'on pourrait peut-être en tirer pour l'avenir; je veux paraître ce que je suis. La franchise de mon caractère, comme l'indépendance que me donne ma position, m'ordonnent de jouer toujours *cartes sur table*.

Je cherche à prouver que la forme républicaine ne peut convenir à la France, cette forme ne pouvant jamais être que l'apanage d'un très petit état. Les Français moins que tout autre peuple ne doivent vivre sous un tel gouvernement. Le caractère national, éminemment enthousiaste et changeant, leur impose forcément la douce loi, selon moi, d'être monarchiques. Ce qui trompe beaucoup de jeunes gens dont l'ardente imagination s'allie parfaitement avec la bonté du cœur, c'est qu'en France si la république est dans les esprits, elle n'est pas dans les mœurs. C'est évidemment de ce conflit entre nos esprits et nos mœurs que naît parmi nos jeunes légistes cette sourde inquiétude politique qu'on remarque facilement parmi eux et dans leurs actions. La vérité, comme le besoin de rendre justice à qui le mérite, m'ordonnent de dire que, parmi les chefs qui commandent à l'opinion républicaine dont est imbue la génération qui nous suit, il en est plusieurs, tels que les *Carrel* et autres de cette catégorie, qui marchent de bonne foi et avec les meilleures intentions pour procurer un heureux avenir à leur patrie. Ils voient à travers un prisme trompeur. Il est donc vrai de dire que les rayons de la vérité sont toujours faussés ou altérés par le prisme de l'imagination. On ne peut refuser à cette jeunesse, dans l'erreur, une juste part dans l'estime publique; car, s'il est vrai de dire qu'ils se trompent, ils le font du moins avec conviction comme sans charlatanisme. Il faut enfin leur reconnaître des sentimens héroïques dignes d'une meilleure cause. Faisons des vœux pour qu'une prompte expérience du passé vienne détruire les fausses illusions dans lesquelles les entretiennent leurs souhaits imprudens, empreints toutefois d'une louable philantropie.

Je dois donc au public ma profession de foi politique. La voici succinctement. Le système républicain est magnifique en théorie; mais pour vivre en république il faut, avant tout, trouver des républicains. Où sont-ils; où sont, dis-je, les vertus publiques et privées qui sont attachées à ce titre! Soyons de bonne foi; nous ne sommes pas dignes, en général, de tels éloges, et je dis encore qu'il y a en France une absence forcée de toutes ces qualités, n'y eût-il pour cause que ce luxe dévorant enfanté par la vanité, qui répand dans la société un malaise général joint à une fausse position de la vie domestique, puisque les dépenses sont généralemeut au-dessus des facultés ordinaires des fortunes respectives.

Il est aisé, d'après ces antécédens, de voir que je suis royaliste. Je le suis en effet par conviction, par sentiment, et par la loi suprême qui gouverne le monde, la *nécessité*. Oui, j'aime encore la monarchie par principe, et mon roi par affection, lorsque je crois trouver en lui les garanties de bonheur que j'ai le droit d'en exiger comme citoyen de l'état. Si mon attente est trompée sous ce rapport, alors il est de mon devoir, en ami de l'ordre public, de me renfermer dans le plus scrupuleux silence, en obéissant aux lois et attendant (si tel est mon sort) un meilleur avenir, soit par l'effet d'un changement dans la conduite du monarque, soit par celui de l'ordre indispensable et conservateur de successibilité héréditaire du trône.

Je préviens le public que je n'ai voulu écrire que pour les hommes d'une opinion modérée et sans passion. Je redoute également les extrêmes, puisque par des routes opposées ils arrivent au même but. Je ne suis pas de ceux qui, par l'effet de leurs anciennes croyances (respectables d'ailleurs par l'équité qu'ils y apportent), regardent la succession au trône comme de droit divin ; mais je la regarde éminemment comme de droit *humain*. Ceci nous mène à dire que le gouvernement électif est une véritable calamité puisqu'il nous offre la cruelle perspective de devenir, s'il avait lieu, comme cette nation polonaise aussi brave que généreuse, que le désordre des diétines délibérantes a conduit à être la proie des puissances voisines. Français, tel est le sort qui

nous attend indubitablement si nous tombons
par nos fautes, et surtout par notre amour pour
le changement, sous un gouvernement électif. Le
seul qui nous convienne *positivement* est celui
(le monarchique) qui, pendant quatorze siècles,
nous a placés à la tête des nations civilisées, et
souvenez-vous, je le répète encore, que cette loi
suprême de nécessité dont je viens de parler vous
ordonne impérieusement, dans vos plus chers
intérêts, de ne voir le salut public que dans le
principe exclusif et conservateur d'une monarchie héréditaire par ordre de primogéniture. Il
n'est pas nécessaire d'ajouter qu'avec ces bases
de l'édifice social en France, cette dernière a
besoin et veut que cette monarchie héréditaire
soit constitutionnelle, offrant par conséquent aux
Français devenus éclairés sur leurs droits politiques toutes les garanties que réclament les libertés publiques.

Ce que je viens d'exprimer relativement à ce
caractère national des Français me fait craindre
que, se jetant dans le labyrinthe d'une polémi-
que permanente sur les intérêts nationaux, ils
ne fassent pas assez d'attention qu'ils sont vieux
comme corps de nation, et que, semblables aux

Grecs du bas empire, ils marchent de subtilités
en subtilités, d'exigences en exigences, vers l'esclavage. Eux, ainsi que le reste de l'Europe, ne
doivent jamais oublier que les masses du nord,
que je considère comme des masses d'invasion,
nous observent, l'arme au bras, pour profiter de
nos malheurs, fruits amers, mais tardifs, de nos
dissentions intestines. Il est dans la nature que
les hommes suivent le soleil; tâchons, s'il est
possible, de nous entendre et de serrer nos rangs.
Pour cela, n'oublions pas que notre premier besoin est l'indépendance du sol natal, afin de ne
pas offrir aux générations à venir le second et
cruel exemple d'une irruption de peuplades
étrangères sur cette terre classique d'une antique
civilisation.

Je prie ceux dont je ne partage pas en entier
les opinions surannées, de croire que je n'ai pas
voulu m'ériger en réformateur. Je m'empresse
de leur dire qu'il me paraîtrait étonnant qu'ils
fussent et pensent différemment. Leur éducation
qui date d'avant la révolution les maintient dans
leurs systèmes, et les positions aussi difficiles que
malheureuses dans lesquelles se sont trouvés la
plupart d'entr'eux, par suite d'un honorable dé-

vouement, me fait un devoir de respecter leurs convictions. Ce serait, il faut en convenir, pousser l'exigence trop loin, que de vouloir en effet que ces vieux enfans de la France fussent les courtisans de la philosophie moderne. Élevés dans les habitudes de l'ancien régime, nourris au milieu des croyances religieuses et politiques des siècles qui ont précédé notre régénération sociale, ils ont naturellement conservé dans leurs rangs affaiblis par les ravages du temps les traditions héréditaires que leur avaient transmis leurs pères.

Pour moi, né dans la tourmente révolutionnaire, et grandi avec les idées nouvelles, je dois m'applaudir d'avoir toujours eu les excès en horreur. Je me trouve heureux, qu'arrivé à l'âge où le cœur commence à ne plus sentir avec autant de force tout le prix de la vie, j'aie pu éviter beaucoup d'écueils que les circonstances nées de la révolution même m'avaient offerts. J'ai été le témoin des phases les plus sanglantes de nos désordres politiques depuis 1789. J'ai encore présent à ma mémoire ce 21 janvier, jour néfaste et d'horrible souvenir, où quelques antropophages revêtus de la pourpre législative traînèrent à l'échafaud le meilleur des hommes, et le plus juste comme le plus vertueux des rois. Ils n'ignoraient pas cependant, ces monstres d'ingratitude, que le père du peuple avait aboli la corvée ainsi que cette injuste peine de la question préparatoire, abîme de barbarie et de déraison. Il y a apparence que parmi ceux qui le condamnèrent, il se trouva quelques anciens membres de cette démagogue assemblée constituante, où ce bon monarque prononça ces paroles remarquables, empreintes des sentimens les plus paternels pour les Français; les voici : *Que ceux qui s'éloigneraient encore d'un esprit de concorde devenu si nécessaire, me fassent le sacrifice de tous les souvenirs qui les affligent. Je les paierai par ma reconnaissance et mon affection.*

Honneur à ceux des conventionnels qui eurent le courage de voter pour l'appel au peuple. Ceux-là, dis-je, voulaient, en gagnant du temps, sauver du supplice l'auguste tête du fils de St-Louis. Quelle différence de ces votes avec celui de ce prêtre rénégat et féroce qui conclut *à la mort et sans phrases!* Arrachons s'il est possible de notre souvenir un si hideux tableau; il fait trop de mal!...

Antérieurement à ce crime inouï qui ne fut pas celui de la France, je me souviens parfaitement combien les honnêtes gens furent profondément affligés des désordres de tout genre dont la France fut la victime. Ce bouleversement général était la suite nécessaire de cette grande révolution dont nous n'étions encore qu'à l'aurore. Ces crimes étaient moins ceux du peuple que ceux de ces jongleurs politiques en général, qui, profitant de l'ascendant de leurs lumières, foulaient aux pieds des vieilles traditions qui peut-être humiliaient leur amour-propre sous le rapport de position sociale. L'assemblée dite nationale, qui seule présidait alors à nos destinées, ne fit rien pour la répression de ces désordres, étant dans ce moment plus occupée à discuter sur un galimatias qu'on nommait le droit de l'homme, et sur lequel elle-même ne s'entendait pas. Ce fut M. de Lafayette qui proposa à l'assemblée cette triste métaphysique qu'il avait apportée des Etats-Unis. On pourrait se rappeler encore la brillante improvisation que fit à ce sujet M. de Lally-Tollendal, lequel s'élevant avec force contre cette proposition, s'exprima en ces termes : *Il vient, dit-il, de parler de la liberté comme il l'a défendue, mais il n'a pas réfléchi que de semblables théories, propres à un peuple nouveau, ne conviennent pas à un ancien peuple.* Ce fut en effet au milieu des massacres et du bouleversement de la France que cette théorie des droits de l'homme fut proclamée.

Si je représente au lecteur de tels souvenirs, c'est qu'ils se rattachent à ce que j'ai dit précédemment pour prouver qu'une république est impossible et dangereuse en France, et que son érection serait le plus grand des malheurs, puisque république est synonyme de cette terrible sentence : *Ote-toi de là, que je m'y mette.* C'est, je le répète, avec cette idéologie qu'on a bouleversé notre pauvre patrie, et préludé à toutes les horreurs dont elle a été le théâtre et la victime.

Qu'on ne soit pas surpris si j'appuie avec tenacité sur ces événemens; mon but serait rempli si je pouvais contribuer à dégoûter les jeunes têtes (aux cœurs ardens et aux sentimens généreux) de leur rêve d'amélioration politique. Cette exaltation provient chez elles du plus grand des fanatismes, celui du bonheur.

Je viens de parler de M. de Lafayette, et ne puis me dispenser de dire qu'il fut esclave de bonne foi d'une politique philantropique, il est vrai, mais toute romanesque, dont il avait puisé les principes dans les régions presque inconnues encore du continent américain, où il venait de faire la guerre de l'indépendance. Il possédait, il faut l'avouer, les vertus indispensables dans un état républicain. Il devint, depuis quelques années, le drapeau où se rallia l'effervescente jeunesse aux idées rénovatrices. Jamais je ne partageai ses opinions démocratiques : jamais je ne me suis abusé sur l'impossibilité de mettre son système à exécution dans ma vieille patrie; mais toujours véridique et toujours juste, je dois à la mémoire d'un homme, qui me témoigna un vif intérêt à sa rentrée des prisons étrangères, ces marques d'un souvenir d'estime, mais non de persuasion.

Voilà, lecteur, ma profession de foi. Je réclame de l'indulgence, si l'on y trouve quelques longueurs de détail. Je les ai considérées comme indispensables, pour qu'on ne confondît pas l'opinion de l'analyste avec celle de l'auteur dont il entretient l'attention publique dans cet ouvrage. On se convaincra, j'espère, que, n'imitant pas ses frondeurs politiques (quelles que soient leurs manières de penser), je vois et apprécie l'impulsion donnée par les idées du siècle, et que je marche en homme sage avec le mouvement donné à l'Europe par l'effet de cette grande ré-novation sociale dont nous sommes les témoins. Suivons donc avec prudence et maturité la haute et irrésistible influence de cette force morale inaperçue, qui peut être momentanément com-primée, mais jamais perdue; et répétons avec l'illustre auteur du *Génie du Christianisme : On ne fait pas rétrograder les générations qui s'avan-cent, en leur jetant à la tête des fragmens de rui-nes et des débris de tombeaux : les insensés qui veulent mener le passé au combat contre l'avenir, seront les victimes de leur crédulité; les siècles en s'abordant les écrasent.*

ANALYSE

RAISONNÉE

DU CONTRAT SOCIAL.

LIVRE PREMIER.

CHAPITRE PREMIER.

Le sujet du premier livre divisé en neuf chapitres est de rechercher comment l'homme passe de l'état de nature à l'état civil, et quelles sont les conditions essentielles du pacte social.

CHAPITRE II.

Des premières Sociétés.

Il est évident que la plus ancienne des sociétés est *la famille.* Pour le nier, il faudrait imaginer les premiers hommes comme venus jusqu'à l'âge de force et de raison sans le secours de leurs parens : or, cette supposition est elle-même une injure faite à la raison.

A ne supposer ou considérer que l'état de pure
animalité, les enfans ne sont attachés à leurs parens qu'autant qu'ils en ont besoin pour le sou-
tien de leur existence. Dès qu'ils ont atteint cet
âge de force et de raison, ces rapports intimes
cessent, et la famille n'existe plus que par la
convention. Mais un des grands bienfaits de la
société civile est le perfectionnement de ces mêmes rapports basés sur le respect et la reconnaissance qu'on doit aux auteurs de ses jours.

L'homme arrivé à l'âge de force et de raison
devient incontestablement son propre maître,
car son premier soin est de veiller à sa conservation et à son bonheur. Personne n'a le droit
de s'ériger en juge pour lui tracer la route qu'il
doit suivre afin d'arriver à ce but. L'état de liberté est donc l'état de nature, et prouve toute
l'absurdité de l'esclavage.

La famille est l'image vraie de la société publique. Le père en est le chef; les enfans sont le
peuple. La grande différence qui existe, c'est que
le père trouve dans l'amour qu'il a pour ses enfans et dans leur reconnaissance, le prix de ses
soins, tandis que, dans l'ordre social, le plaisir
de commander et toujours l'intérêt personnel

sont en général les seuls sentimens qui guident les chefs des nations. Le célèbre *Grotius* est tombé à cet égard dans une grande erreur; il a voulu prouver que le pouvoir de commander était établi en faveur des chefs. D'après ce système (dont on reconnaît facilement toute la fausseté), il s'ensuivrait que le genre humain devrait être considéré comme un vil troupeau servant d'aliment à ses pâtres. *Grotius* aura sans doute pris le fait pour le droit. Au reste, il n'est pas étonnant qu'on soit ainsi tombé dans de faux systèmes. La raison en pourrait trouver sa source dans un entêtement mal placé à vouloir trop approfondir les matières de droit politique ou public, qu'on a souvent confondu avec l'histoire des anciens abus.

Le fameux *Aristote* lui-même ne fut point exempt d'absurdes raisonnemens sur ce même article. Il prit l'effet pour la cause, car il avança le premier que les hommes ne pouvaient naître égaux, et soutint par conséquent que les uns étaient nés pour l'esclavage, et les autres pour leur donner des fers. S'il existe des hommes qui naissent ainsi, c'est parce que primitivement il y a eu des esclaves que la force seule a fait, au préjudice des droits les plus sacrés de l'humanité.

————

CHAPITRE III.

Du droit du plus fort.

Pour si fort qu'on puisse l'être, on ne l'est jamais assez, si on ne transforme sa *force* en *droit,* et l'*obéissance* en *devoir.* La force n'est qu'une puissance purement physique, et ne constitue pas le droit qui ne peut être qu'une puissance morale. Ainsi quand on cède à la force, on ne cède point au droit, et par conséquent cette obéissance ne peut être un devoir. D'après ce que je viens de dire, il est évident que le droit n'ajoute rien à la force. Tout se résume à dire : *Force n'est pas droit.*

————

CHAPITRE IV.

De l'esclavage.

La convention est la seule base de toute autorité légitime, puisque nul ne peut avoir autorité naturelle sur son semblable. Ceci est prouvé par la conclusion rationnelle que *force n'est pas droit. Grotius,* à cet égard, se trompe encore et commet une nouvelle erreur non moins grande que la première déjà citée quand il dit *que si un particulier peut aliéner sa liberté, un peuple peut, par la même raison, aliéner la sienne.* Ce raisonnement me paraît absurde et paradoxal, car un homme ne peut vendre sa liberté, puisque celui à qui il se serait donné ne peut avoir aucun droit naturel sur lui. Celui qui ferait un pareil acte est sensé privé de raison, et un pareil état annule de droit toute espèce de contrat; il en est de même d'un peuple.

Avant d'entrer dans d'autres détails sur cet état affreux de l'esclavage (dont les effets diminuent journellement, grâce à une philantropie bien entendue), commençons, après ce court exorde, par connaître l'origine de cette position forcée, véritable honte de l'humanité. Voyons donc quelle en est la source. D'abord on ne peut s'empêcher de reconnaître qu'elle a pris naissance dans la nature même des choses, sauf ses différentes directions. La connaissance des siècles antérieurs nous prouve évidemment que l'esclavage proprement dit a commencé par l'esclavage politique et volontaire chez les gouvernemens despotiques. Il est connu qu'anciennement les Russes ou Moscowites se vendaient très aisément. L'on sait encore que dans l'Inde surtout, et particulièrement dans quelques états dépendans de ces vastes contrées, tout le monde cherche à se vendre, mais toujours aux plus riches habitans. Cet esclavage d'une position douce a pour cause le libre choix d'un homme qui, pour son utilité, se donne un maître. Dèslors il se forme entre eux une convention réciproque. Cet esclavage de pur mouvement est évidemment la source de ce système absurde de servitude d'une portion de la société au profit de l'autre. Il est de même la cause et le principe de l'esclavage civil qui fit que les Grecs avaient leurs ilotes, ainsi que les Romains, mais sous un autre nom. Cet esclavage civil est l'établissement de ce droit qui rend un homme tellement utile à un autre que ce dernier est le maître absolu de sa personne et de ses biens.

Dans les états purement despotiques, tels que la Turquie, la Perse et une portion de la Russie asiatique, où l'on éprouve tout le poids de l'esclavage politique, l'esclavage civil y est naturellement plus supportable qu'ailleurs. On s'y contente, en général, d'y avoir sa vie et sa subsistance assurée. Il n'en est pas de même sous les gouvernemens monarchiques. Il est utile et indispensable que la nature humaine n'y soit pas avilie. La gloire, comme le bonheur des sujets, augmente celle du souverain. C'est un reflet dont la reverbération rejaillit sur le trône, en le vivifiant d'une lumière des plus pures.

Si l'on en croit les *Institutes* de l'empereur Justinien, les jurisconsultes romains donnent pour cause à l'esclavage le sentiment de la *pitié*. Ils disaient que la justice et l'humanité voulaient que les prisonniers fussent esclaves pour éviter qu'on ne les fît périr. Le droit romain, il est vrai, permettait aux créanciers de maltraiter leurs débiteurs et à ceux-ci de se vendre. Un père esclave pouvait, par l'effet du droit naturel, vendre ses enfans, lorsqu'il ne pouvait plus les nourrir. Je ne partage pas l'opinion de ces jurisconsultes, car, en supposant qu'un homme puisse aliéner sa liberté, il ne s'ensuit point qu'il ait le droit de vendre celle de ses enfans. Ces derniers naissant hommes, et par conséquent libres, l'exercice de leur liberté n'appartient qu'à eux seuls, lorsqu'ils ont atteint l'âge de raison. L'on ne peut en disposer sans offenser la nature.

Grotius a voulu prouver encore que l'état de prisonnier de guerre donnait droit à l'esclavage. Je répondrai d'abord à cela que les hommes ne sont point naturellement ennemis, et que ce qui caractérise la guerre n'est point les rapports des hommes, mais seulement ceux des choses, puisque les puissances en guerre ne se battent trop souvent que pour des objets qui flattent leurs intérêts ou leur amour-propre. Ce que je viens de dire prouve, par conséquent, qu'on n'a pas le droit de tuer les vaincus. Il suit du même principe que les soldats ne sont ennemis qu'accidentellement, c'est-à-dire tant que dure l'état d'hostilité. Faire la guerre à l'état n'est pas faire la guerre aux particuliers qui le composent, car l'état est un *être moral* que l'on peut détruire sans en attaquer les sujets. Le droit de conquête n'a d'autre fondement que celui du plus fort, et, n'ayant pas le droit de tuer un ennemi, on ne peut avoir celui de l'asservir. Le seul droit que donne la guerre, c'est de s'assurer tellement de la personne de son prisonnier, qu'il ne puisse nuire ni s'évader. Il est horrible et attentatoire aux principes sacrés de l'humanité d'arracher la vie à un captif après la victoire. Je ne cite point les sauvages qui mangent leurs prisonniers : je n'ai pas à m'occuper des peuples antropophages qui sont hors du droit intellectuel. Je n'écris et ne parle que pour les nations civilisées.

Il n'est pas davantage permis à un homme libre de se vendre. S'il n'est pas permis de se tuer, pourquoi serait-il permis de se vendre? Car la liberté de chaque individu est une partie de la liberté publique. En effet, faire le sacrifice de sa liberté, c'est faire celui de sa qualité d'homme : or, une telle renonciation ne peut se supposer, puisque, en aliénant à sa volonté une espèce de liberté, on ôte toute moralité à ses actions. Il m'est bien facile de prouver toute la justesse de ce raisonnement, car ce qui constitue la moralité attachée à une action est évidemment la liberté d'agir.

Reprenant le cours de mon sujet, je dis que la mort d'un criminel est licite, parce que cette même loi qui le condamne avait été faite en sa faveur, puisqu'il avait sa portion de droit à sa protection. On ne peut en dire autant de l'esclave, car la loi de l'esclavage ne lui a jamais été utile, et l'on pourrait dire qu'elle a été faite contre lui et jamais pour lui. On doit remarquer d'ailleurs que, si l'esclavage est opposé au droit naturel, il l'est aussi au droit civil. Nulle loi civile ne peut, sans injustice, défendre à un esclave de fuir les chaînes qu'il porte. Il ne fait point partie intégrante de la société publique organisée en corps de nation. Il n'y a qu'une seule loi qui puisse le retenir forcément dans l'obligation de supporter avec patience la perte de sa liberté, et cette loi, c'est celle du maître!...

Des auteurs ont cru trouver aussi une des origines de l'esclavage dans la nécessité de réduire en servitude ces peuples qui, ne professant pas la même religion, sont plus à même, dans leur état d'obéissance servile, d'éprouver les bienfaits de la propagation de ses principes. C'est pour cette raison qui révolte la nature autant que les lois de l'équité, que les Espagnols couvrirent de sang et de deuil le continent de l'Amérique méridionale. C'est au nom d'une religion d'union et de paix qu'ils plongèrent tous ces peuples dans le plus affreux esclavage. Pour faire des chrétiens ils se firent brigands, et n'inspirèrent à leurs vaincus que de justes sentimens d'horreur et de vengeance.

Je ne parle pas de l'esclavage des Nègres dans

nos colonies. Ceci est une question à part. Toujours conséquent avec moi-même, je blâme d'a-
bord le principe de leur position. Les faits me
prouvent qu'il n'y a aucune analogie entre leur
esclavage et ce qu'on appelle l'esclavage politique. L'expérience, ce grand maître, nous apprend très positivement que les Nègres, encore
esclaves dans nos Antilles, sont mille fois plus
heureux que ceux qui, comme à l'île de St-
Domingue, ont conquis par le massacre des
blancs une entière liberté. Ces malheureux y pé-
rissent journellement dans la plus affreuse misère. Il n'on est pas de même dans les autres
îles. Les Nègres, quoique esclaves à la vérité,
sont abondamment pourvus de toutes les choses
nécessaires à la vie. Ils ne songent même pas, à
l'exemple de leurs frères de St-Domingue, à se-
couer un joug qui pour eux a cessé d'être pesant;
car il est vrai de dire que les sentimens de sage
liberté et de philantropie, ayant fait des progrès
parmi les colons comme dans la majeure partie
du globe, les Nègres se ressentent évidemment
depuis la révolution française des améliorations
que les lumières d'une saine philosophie ont ap-
porté dans la société en général. Je le répète

encore, je désapprouve hautement le principe;
j'ajoute que j'applaudis avec transport aux justes
décrets des puissances maritimes qui ont aboli la
traite des Noirs; mais aussi je rends hommage à
la vérité, en mettant sous les yeux du lecteur le
tableau véritable du bonheur des uns, et des
horribles souffrances qu'éprouvent les autres,
faute de travail. Je fais des vœux dans l'intérêt
de nos colonies, pour que la race nègre (la seule
capable de supporter les travaux de la terre dans
ce climat) augmente sa population en se reproduisant dans les habitations. Cette augmentation
doit nécessairement avoir lieu à l'ombre bienfaisante et protectrice des sentimens d'humanité
et de bien-être pour leurs Nègres, dont les colons
d'aujourd'hui sentent tant le prix.

CHAPITRE V.

*Qu'il faut toujours remonter à une première
convention.*

La société politique ne peut se former que par
la réunion des individus qui émettent leur volonté sur le genre d'association qu'ils veulent
choisir. Il est donc essentiel avant tout de re-

monter à une première convention. Si un homme plus adroit ou plus audacieux asservit successivement tout un peuple à ses lois, ce n'est point là un chef régnant sur des citoyens, c'est un maître commandant à des esclaves; car il y a une grande différence entre régner sur une *association* ou sur une *agrégation*. L'on sait qu'une agrégation veut dire une multitude d'hommes sans ordre et sans volonté générale positivement exprimée. Il y a en effet une bien grande différence entre soumettre une multitude et régir une société légalement établie. Ce chef audacieux dont je viens de parler, se fût-il rendu le maître d'une grande portion de l'univers, cet homme, dis-je, n'est jamais qu'un simple particulier, et dont l'intérêt, séparé de celui des vaincus, ne peut être qu'un intérêt privé. Le danger d'une telle agrégation se fait sentir principalement à la mort de ce chef, car son empire après lui tombe en lambeaux épars et sans liaison. *Grotius* a dit cette fois avec raison qu'un peuple pouvait se donner un roi. Puisque ce peuple a le droit de cette haute initiative, il était donc tel (peuple) avant que de se donner un maître.

Le vrai fondement de toute société politique

est donc essentiellement le libre assentiment de ceux qui unissent leur volonté pour l'établir. Pour faire connaître cet assentiment, il n'y a que la loi de la pluralité des suffrages qui, étant elle-même une convention, suppose qu'il y a eu unanimité dès le début, ou du moins à la naissance de l'association.

CHAPITRE VI.

Du pacte social.

Le but de tout pacte social est, comme le dit Rousseau, « trouver une forme d'association qui «défende et protège de toute la force commune «la personne et les biens de chaque associé, et «par laquelle chacun s'unissant à tous n'obéit «pourtant qu'à lui-même, et reste aussi libre «qu'auparavant. »

La solution d'un tel problème n'est point aisée; cependant je vais chercher à le résoudre à l'aide des idées sagement libérales que mes faibles connaissances pourront m'inspirer.

Lorsque par la multiplication de l'espèce, les hommes trouvent dans l'état de nature des obstacles trop difficiles à vaincre, il faut nécessai-

rement qu'ils s'unissent pour y porter remède.
S'ils ne changeaient pas de manière de vivre, le
genre humain serait exposé aux plus grands dangers, et les hommes s'entr'égorgeraient comme
des bêtes féroces pour se disputer les alimens indispensables à leur nourriture, et devenus rares
par la consommation. En s'unissant, ils ont eu
pour principal motif d'augmenter leurs forces
soit pour résister aux agressions de leurs voisins,
soit pour s'entendre dans leur genre de vie à venir; en un mot, de faire agir par le puissant mobile de l'intérêt général la somme des forces
réunies.

Les hommes ne peuvent créer de forces nouvelles hors celles qu'ils réunissaient dans leur
état primitif, à moins qu'on ne suppose un grand
accroissement de territoire, ce qui n'est pas pré-
sumable, à la naissance des sociétés qui devaient
être naturellement stationnaires dans leurs forêts; mais ils peuvent diriger celles qu'ils possè-
dent. S'ils veulent se conserver, il faut qu'ils
forment une principale agrégation composée des
forces réunies, afin de l'emporter sur la résistance s'il s'en présente, et surtout les faire agir
de concert, en ne mettant en jeu qu'un seul mo-

bile, celui de la conservation et du bonheur. Je n'ai pas besoin, je pense, de prévenir le lecteur que je suppose le corps social dans son état primitif et voulant s'arracher à l'état de pure nature, qui n'offre d'autre garantie que le droit du plus fort, qui est l'absence de tous.

Les clauses de ce pacte social déjà citées se trouvent tellement bien déterminées, qu'on ne peut y apporter le moindre changement sans en rompre la mutuelle harmonie dans les secours réciproques. Les clauses se réduisent toutes à une principale, qui est la totale aliénation que porte chaque membre de la société à l'entière communauté avec tous ses droits. Une réflexion se présente ici naturellement, c'est que chacun, se donnant à tous ne se donne au fait à personne, et comme ils acquièrent un droit mutuel les uns sur les autres, on gagne en équivalent tout ce qu'on perd, mais avec plus de forces pour conserver ce qu'on a déjà. Ainsi, en écartant du pacte social ce qui n'est pas de son essence, il se réduit en ces termes : « Chacun de nous met en «commun sa personne et toute sa puissance, sous «la suprême direction de la volonté générale, et «nous recevons en corps chaque membre comme «partie indivisible du tout.» On voit que cette définition se rapproche beaucoup de celle émise en tête de ce chapitre.

Rousseau a commis une grande erreur, selon moi, lorsqu'il dit «que la force et la liberté de «chaque homme étant les premiers instrumens «de sa conservation, comment les engagerait-il «sans se nuire et sans négliger les soins qu'il se «doit.» Je répondrai aux mânes éloquens de cet illustre philosophe que le but de chaque individu étant de veiller à sa conservation et à son bonheur, ce n'est point faire le sacrifice d'une partie de sa liberté que de l'employer à établir des réglemens propres à assurer aux membres composant la société la sûreté qu'ils ont droit d'en attendre pour le respect qui est dû à leurs personnes et à leurs propriétés. D'ailleurs, pourrait-on appeler sacrifice l'heureuse absence de cette brutalité, apanage de l'homme nullement civilisé, pour faire place à ce perfectionnement des rapports qui constituent le bonheur et caractérisent le bon ordre social.

Je reviens à mon sujet, et je remarque que, pour former le corps politique tel que Rousseau l'a dépeint, il faut que chaque membre se donne tout entier à la communauté. Les avantages dès-lors sont évidemment les mêmes pour tous, et tous ont un égal intérêt d'accroître ces avantages. L'aliénation se fait alors en entier, et nul n'a le droit de rien réclamer de particulier, car si un tel vice existait, les hommes n'auraient aucun supérieur naturel qui pourrait terminer un pareil différend. La plus parfaite balance règne ainsi dans l'association : chacun se donne à tous, et ayant sa part dans la part commune, il gagne un équivalent sur ce qu'il a cédé, acquérant de plus une puissante assurance pour ce qu'il possède.

Il est évident que l'association politique est un corps moral (si je puis m'exprimer ainsi) comme étant formé, non de la réunion physique des individus, mais de leur volonté. Il reçoit de cet acte sa vie et son unité. Cet être moral et par conséquent indivisible, qui se forme par l'association, s'appelle le pacte social. Les anciens l'ont appelé à tort *cité*, et les modernes *république*, dont l'étymologie est dans l'union des deux mots latins *res publica*, qui veut dire chose publique.

Les auteurs modernes sont presque tous tombés à cet égard dans un faux raisonnement. Ils n'ont point distingué la *cité* d'avec la *ville;* ce sont les citoyens qui font la première, et les maisons font la seconde. Cependant Carthage ne dut sa ruine qu'à cette erreur. Les ambassadeurs ayant mal interprété la réponse du sénat romain qui leur dit : *votre cité sera respectée*, qu'elle fut leur surprise quand la ville devint la proie des flammes.

CHAPITRE VII.

Du souverain.

L'acte d'association est composé de la réunion des volontés particulières formant un être moral comme je viens de le dire. «Chaque individu qui «le compose contracte, sous un double rapport, «premièrement, comme faisant partie du souve-«rain; secondement, comme particulier avec le «souverain; ce dernier est, selon le principe dé-«mocratique, dans le *peuple en corps* ou l'*asso-«ciation.*»

Rousseau me paraît obscur dans la définition qu'il donne des rapports ci-dessus : « Chaque in-« dividu, dit-il, contractant pour ainsi dire avec

« lui-même, se trouve engagé sous un double
« rapport; savoir : comme membre du souverain
« envers les particuliers, et comme membre de
« l'état envers le souverain. » Ce dernier énoncé
est, je crois, un pléonasme; car s'il y a un rapport vrai entre le souverain et l'individu, il doit
de même exister entre l'individu comparé au
souverain : or, Rousseau dit, comme membre de
l'état; mais qui dit un membre de l'état, dit un
membre de l'association, qui, seule, caractérise
le souverain comme étant composé de la réunion
des volontés générales.

Puisque le souverain est le corps politique,
il est évident qu'il ne peut s'imposer des lois
qu'il lui soit impossible d'enfreindre ; car un
peuple est le maître de se donner la forme de
gouvernement qui lui plaît (au moins dans
le principe), et il peut le modifier ou le changer
en entier si telle est sa volonté.

Cependant j'engage les peuples à ne pas s'a-
bandonner légèrement et sans une nécessité
absolue à l'application de ce principe. C'est précisément les fausses applications de ce terrible
axiome qui ont bouleversé les têtes d'abord, et
puis les gouvernemens établis depuis des siècles.

Ces peuples en ont-ils été plus heureux? C'est un problème qu'on pourrait peut-être facilement résoudre en y mettant de la bonne foi. Évitons, dans notre propre conservation, ces tribulations de la vie, et ces tourmentes révolutionnaires qui empoisonnent les jours des honnêtes gens, amis de l'ordre public. Si la providence a permis qu'une nation fut assez heureuse pour vivre sous un gouvernement offrant des garanties de stabilité et de bonheur, qu'elle soit assez sage pour le conserver dans toute son intégrité. On ne gagne rien en général au changement d'un ordre politique, et l'on a tout à perdre dans l'inconstance, soit publique, soit privée.

Revenant à la question, je dirai que nous avons considéré le souverain comme un être moral qui, par conséquent, ne peut contracter avec lui-même : or, s'il en est ainsi, il ne peut aussi se diviser. S'il venait à l'être, le contrat se trouverait violé, et le corps politique cesserait d'exister.

Il est donc de l'intérêt des contractans de s'entr'aider mutuellement pour que la souveraineté soit respectée. Si le contraire arrivait, l'état serait offensé, et l'offense retomberait sur les particuliers : de même que celle faite à un parti-

culier, pèserait sur le corps entier de l'association.

La souveraineté se composant de la volonté
réunie de chaque individu, il est clair que ses
intérêts doivent être ceux des membres. Le souverain ne peut avoir de garans envers ces individus, étant dans l'impossibilité de leur nuire.
Mais la réciprocité n'existe point entre les particuliers et le souverain. Les volontés varient avec
chaque individu qui a pour grand mobile ses intérêts particuliers, lequel malheureusement ne
s'identifie jamais assez avec l'intérêt général.
Chacun ne considérant le souverain que comme
un être de raison, n'envisage que son propre
bien, dont l'effet tombe immédiatement sous les
sens. Si l'on se pénétrait de cette grande vérité,
que l'accroissement de l'intérêt général enchaîne
nécessairement celui des particuliers, on serait
porté davantage à faire des sacrifices pour la
mère-patrie.

Le pacte social, qui seul constitue le corps politique, renferme un engagement tacite : c'est que
le souverain peut contraindre par la force un
particulier à lui obéir. Cet engagement, qui est le
principal ressort du corps politique, sert de fon-

dement aux engagemens civils. Cette condition
fait que chaque citoyen se devant à la patrie, est
garanti de toute dépendance personnelle. C'est
une des principales assurément de la machine
politique, qui rend par conséquent lesdits engagemens légitimes, lesquels, sans elle, seraient
tyranniques et absurdes, et jetteraient la société
dans les abus les plus odieux.

CHAPITRE VIII.

De l'état civil.

De l'état de nature ou de simple famille,
l'homme passe à l'état civil, c'est-à-dire dans cet
ordre de choses où les actions sont soumises à la
morale, et son instinct à la justice. Cet état exige
des devoirs à remplir envers la société. Il est
subordonné à des lois qui réglent les passions
dont l'entier exercice nuirait à sa conservation.
L'esprit qui auparavant n'avait d'autres occupations que celles de pourvoir à la vie animale,
prend un essort plus élevé et digne d'appartenir
à un être doué de raison. Jusques là, l'homme
qui n'avait regardé que lui-même, se voit forcé
d'agir par une nouvelle impulsion, et n'écoutant

plus ses penchans, ne se laisse guider que par un sentiment d'équité. Il est vrai de dire que, par l'absence de l'état de nature, il est privé de plusieurs avantages purement matériels, qui, ne laissant pas que d'offrir des douceurs, lui font regretter sa première position. Mais il est vrai de dire aussi qu'il regagne bien de ces mêmes avantages sous le rapport moral, car ses facultés prennent un essort bien plus noble, ses idées prennent un plus grand accroissement, et son âme, en s'élevant tout entière à la dignité attachée à l'homme intelligent, s'ennoblit à tel point qu'il rougit de penser à ce qu'il était dans l'état de nature.

Si nous ne considérions l'homme qu'avant l'établissement des sociétés, alors nous n'aurions à nous occuper que des lois purement naturelles, dérivant uniquement de la constitution de son être. Cette loi suprême imprime en nous d'abord l'idée d'un créateur, première loi de la nature par son importance. Les premières idées de l'homme ne furent point spéculatives. Sentant toute la faiblesse de son être, il ne songea qu'à sa propre conservation, avant même de rechercher l'origine de son être. Au sentiment de sa timidité naturelle il faut joindre le sentiment irrésistible du besoin qui le porte naturellement à chercher à se nourrir. Les hommes éprouvent encore le besoin d'acquérir des connaissances, qu'on peut considérer comme un lien puissant inconnu aux animaux. Ils y trouvent un nouveau motif pour s'unir, et l'on peut dire que le besoin de vivre en société est une quatrième loi de la nature.

Sur ce qui précède on pourrait ajouter que, par l'acquit de l'état civil, l'homme acquiert la liberté morale. C'est la seule qui le rende maître de lui. L'obéissance à la loi qu'il s'est prescrite comme membre du corps social est aussi une sorte de liberté. Alors ayant acquis le premier degré de perfectibilité, son âme contemple avec connaissance l'ordre admirable de la surface qui le nourrit, et devenant homme en un mot, il fait usage de sa raison pour témoigner sa reconnaissance à l'auteur de son existence.

L'état civil lui assure donc l'entière jouissance de ses propriétés, fondé sur un titre positif qu'il faut bien distinguer de la *possession* primitive qui n'est évidemment que l'effet de la force du premier occupant.

CHAPITRE IX.

Du domaine réel.

Dans l'origine primitive de la société civile, les hommes y apportèrent les propriétés, qu'ils avaient acquises par le droit de premier occupant. L'état civil leur donna par la suite un titre positif de propriété, que la force seule pouvait ravir. Il est véritable que par l'acte d'association, les membres qui en composèrent le premier, soumirent l'existence de leurs propriétés à la justice des lois du corps politique, et ce dernier, par conséquent, acquérait des droits à leur jouissance lorsque le bien général l'exigeait.

Le droit de premier occupant ne devenant un vrai droit que lorsqu'il a reçu du corps politique le titre primitif de propriété, il est du devoir de l'état d'assigner à chaque particulier la manière dont il doit acquérir ses propriétés, autrement le droit du plus fort serait le seul connu, et la société, loin d'être une association légitime, ne serait qu'une réunion de brigands. En un mot, le but de la société civile est de rendre respectable et de régulariser le droit de premier occupant.

Le signe caractéristique de la possession légitime d'un terrain est, d'abord, le droit de premier occupant; secondement, que l'étendue n'en soit pas telle qu'elle prive une autre famille du nécessaire que vous possédez comme superflu; et troisièmement, que vous le cultiviez pour votre subsistance. On voit clairement que je parle toujours dans l'hypothèse des établissemens primitifs des nations.

Les propriétés territoriales contiguës constituent le territoire national. On conçoit aisément que si les personnes sont sous la dépendance du souverain, (comme je l'ai prouvé précédemment) les propriétés y sont aussi. Ce droit de souveraineté rend les particuliers dépendans les uns des autres, et c'est cette même dépendance qui fait toute la force d'une puissance continentale, laquelle trouve dans son organisation sociale le sûr garant de ses propriétés.

Rousseau dit : « Que le pacte social, au lieu « de détruire l'égalité naturelle, y substitue, au « contraire, une égalité morale et légitime à ce « que la nature avait pu mettre d'inégalité phy- « sique entre les hommes, et que pouvant être iné- « gaux en force ou en génie, ils deviennent tous « égaux par convention et de droit. » Il me semble que ce grand publiciste est tombé dans l'erreur. J'observe que l'égalité ne consiste que dans le *moral*, puisqu'elle est l'effet de la raison, et nullement d'aucune convention. La plus ou moins grande disproportion dans les fortunes, et une inégalité dans l'éducation peut bien faire naître une inégalité de fait dans les jouissances; mais la nature comme la loi reconnaît comme inaltérable le dogme du principe d'égalité politique.

Il est sans doute arrivé que les hommes ont commencé à s'unir avant de rien posséder, et que par la suite, s'étant emparé d'un terrain qui pouvait suffire aux besoins de tous, ils en ont joui en commun; mais comme il n'est pas dans l'ordre des choses qu'une agrégation puisse long-temps s'entendre vivant en commun, il a fallu en venir nécessairement à un partage dudit terrain, dont les proportions auront été établies par l'association même. De là il résulte encore que la communauté a un droit acquis sur les fonds réunis de chaque particulier, lequel n'est autre chose qu'un droit de protection dans l'intérêt de tous.

Je viens de dire précédemment que le travail

et la culture étaient un des principaux signes
de la propriété au défaut des titres juridiques:
mais cependant, on pourrait, ce me semble,
donner des bornes à ce droit de premier occupant. Il répugne en effet à la raison de croire
qu'il suffise de mettre le pied sur le terrain
d'autrui pour s'en rendre le maître; a-t-on le
droit d'en écarter par la force, momentanément, les autres pour s'en rendre les maîtres à
toujours? Eh quoi! un homme ou un peuple
a-t-il le droit de s'emparer d'un immense terrain, même inconnu, pour en priver cette portion
du genre humain qui y trouvait sa nourriture et
la paix? Lorsque ces farouches Castillans s'emparèrent des îles de la mer du sud et du continent américain méridional, avaient-ils le droit
d'en exclure les paisibles habitans, vivant heureux et tranquilles sous le protectorat de leurs
princes ou chefs particuliers?

Ce fut en vertu d'une bulle du pape Alexan-
dre Borgia (d'affreuse mémoire), que les Espagnols s'emparèrent du nouveau monde et en
exterminèrent les habitans. Cette bulle date de
l'année 1493. On dirait qu'un affreux destin est
attaché à ces deux derniers chiffres.

Il est facile de concevoir que c'est la réunion
des terres particulières contiguës qui devient ce
qu'on appelle le territoire public. Le droit de souveraineté s'étendant alors des habitans au terrain
par eux occupé, devient réel et personnel. C'est
cela même qui les met dans une plus grande dépendance, et c'est dans la somme de leurs forces
réunies que se trouve la garantie de leur fidélité
individuelle. Les anciens monarques ne voulurent pas abuser de l'avantage que leur offrait
l'application de cette sorte de souveraineté dont
je viens de parler. Quand ils firent la conquête
des peuples sur lesquels ils régnèrent, et dont le
principe de souveraineté consistait seulement
dans celui de l'association, ils se contentèrent de
prendre les titres de roi de tel ou tel peuple, ce
qui prouve qu'ils ne se regardaient que comme
les chefs des hommes et non du territoire. Les
rois d'aujourd'hui (excepté en France), s'intitu-
lent rois du Portugal, d'Espagne, de Prusse, etc.,
ce qui veut dire qu'ils sont les maîtres des habitans et du pays.

Je pense que cette observation puisée dans le
contrat social aura frappé les législateurs à l'aurore de notre révolution, et qu'on pourrait y trou-

ver le motif qui fit qu'on dépouilla le vertueux Louis XVI de l'antique titre de roi de France, pour ne lui donner que celui de roi des Français. Il est évident qu'on n'a en partie agi ainsi que parce que l'amour-propre de nos réformateurs en souffrait. D'après ce principe, le roi n'est plus que le chef de la nation, mais non le roi du pays. Je sais, à la vérité, que nos anciens rois s'appelaient *Francorum rex*. Néanmoins on pourrait trouver dans cette distinction non seulement une subtilité métaphysique, mais encore le principe inaperçu d'une arrière pensée d'élection suprême; car il est conséquent de dire que si un homme n'est que le chef de la population et non le maître du terrain, il peut être révoqué de son commandement par ceux mêmes ou leurs ayant cause qui le lui ont jadis confié. Dieu nous préserve d'une telle conséquence dans son application.

LIVRE II.

OU IL EST TRAITÉ DE LA LÉGISLATION.

CHAPITRE PREMIER.

Que la souveraineté est inaliénable.

De tout ce qui vient d'être établi précédemment, la conséquence naturelle à en tirer, c'est qu'il n'y a que l'association ou volonté générale qui ait le droit et la puissance de diriger la force publique dans le but de son institution, qui est le bien de la communauté. Si l'établissement des sociétés vient de l'opposition des particuliers qui croient leurs intérêts lésés, il s'ensuit que c'est l'accord de ces mêmes intérêts qui a rendu la chose possible. Le lien social n'est formé que de ce qu'il y a de commun dans les différens intérêts; et s'il devenait impossible que tous les intérêts ne pussent s'accorder, alors nulle société ne saurait exister.

La souveraineté étant un être moral et collec-

tif, ne peut s'aliéner. Elle ne peut, par conséquent, être représentée, mais on peut en trans-
mettre l'exercice. La volonté seule ne peut l'être.
En effet, il est possible qu'une volonté particulière s'accorde quelquefois avec la volonté générale; mais il n'est guère possible que cela puisse
durer, car il est dans la nature que la volonté
particulière recherche les préférences qui flattent ses intérèts, tandis que l'essence de la volonté générale tend à l'égalité, qui est justice pour
tous. Le souverain peut bien vouloir ce que veut
pour le moment un citoyen; mais il ne peut rien
fixer sur l'avenir, car ce que cet homme voudra
aujourd'hui, il n'est pas sûr qu'il le veuille de-
main. Il serait donc absurde de vouloir que la
volonté se donnât des entraves. Lorsque le peuple ne promet simplement que d'obéir aux magistrats qu'il s'est donnés, il se dissout par cet
acte, en perdant sa qualité de peuple. Il ne serait pas conséquent de conclure de ce que je
viens de dire, que les ordres des chefs ne puissent être regardés comme émanant de la volonté
générale, tant que le véritable souverain, qui aurait le droit de s'y opposer, ne le fait pas. Ce silence universel peut être considéré comme le

consentement du peuple. Je reviendrai sur ce
sujet.

===

CHAPITRE II.

Que la souveraineté est indivisible.

La même raison qui caractérise la non aliénation de la souveraineté, c'est-à-dire celle qui établit qu'elle est inaliénable, prouve qu'elle est
indivisible. Car, ou la volonté est générale, ou
elle ne l'est pas. Pour qu'elle soit générale, elle
n'a pas besoin d'être unanime; la majorité l'emporte évidemment, mais les voix doivent être
comptées. C'est donc cette volonté ainsi établie
qui constitue la souveraineté et fait la loi.

Les politiques à faux systèmes, et le nombre
en est beaucoup trop considérable, ont divisé la
souveraineté dans son exécution, c'est-à-dire
qu'ils ont confondu le principe avec l'objet, en
prenant pour la souveraineté les différens rapports qui émanent d'elle, tant dans l'administration intérieure que pour celle de l'extérieur. Ils
font ainsi une souveraineté de pièces et mor-
ceaux. On pourrait caractériser cette marche de
jonglerie politique, car après avoir démembré le

corps social, ils en rassemblent les lambeaux épars.

Il arrive souvent qu'on croit la souveraineté partagée. On se trompe évidemment, puisque les droits qu'on prend pour des parties de cette souveraineté dépendent tous d'elle. Ces inexactitudes sont la cause de l'obscurité qui règne parmi les principes établis chez plusieurs auteurs qui ont traité du droit politique, et particulièrement lorsqu'ils ont voulu s'ériger en juges respectifs des droits qu'ils établissaient à leur manière entre les rois et les peuples. *Grotius*, quoique savant écrivain, ainsi que son traducteur *Barbeyrac*, se sont jetés dans de pénibles sophismes dont apparemment ils n'étaient pas dupes. Ils craignaient d'en trop dire ou pas assez, et eurent peur qu'on ne donnât à leur jugement une interprétation, non pas favorable au vrai principe, mais aux intérêts qu'ils croyaient avoir à ménager. *Grotius* se plaignant de sa patrie se réfugia en France. Il y acheva son fameux livre, qu'il dédia au roi Louis XIII. Mais il a flétri sa mémoire en faisant bassement la cour à ce monarque, en dépouillant les peuples d'une portion de leurs droits. *Barbeyrac*, de son côté, dédia la traduction de l'ouvrage de *Grotius* au roi d'Angleterre Georges Ier. Ces deux hommes d'un profond savoir se rendirent ainsi coupables d'une faiblesse peu honorable. S'ils eussent franchement marché dans la véritable voie, ils eussent été conséquens et mérité l'estime de la postérité.

CHAPITRE III.

Si la volonté générale peut errer.

D'après ce que je viens d'énoncer sur la volonté générale, il est évident qu'elle tend constamment au bien commun, ce qui prouve qu'elle ne peut errer. Il ne s'ensuit pas de là que les délibérations publiques aient la même rectitude, car la multitude veut son bien assurément, mais rarement sait-elle prendre la bonne route pour y arriver. Je partage parfaitement l'opinion de Rousseau lorsqu'il dit que « jamais on ne cor-« rompt le peuple, mais on l'égare. » C'est alors que paraissant vouloir ce qui est mal, sans s'en douter il le fait, croyant sincèrement agir selon ses vrais intérêts.

Il y a souvent une grande différence entre la volonté de tous et la volonté générale. La première n'a que des intérêts privés, et la seconde des intérêts communs

Ce qui caractérise la volonté générale est le plus ou moins que vous ôtez de toutes ces volontés particulières, et qui s'entre-détruisent les unes les autres. Un homme justement recommandable a fort judicieusement remarqué que chaque intérêt a des principes différens; l'accord de deux intérêts particuliers se forme par opposition à celui d'un tiers, ce qui prouve, d'un autre côté, que l'intérêt général se forme par opposition à celui de chaque particulier.

Pour bien connaître le résultat de la volonté générale, il est essentiel que l'état ne soit pas divisé par sociétés partielles, car cela ne serait que des agrégations qui ne peuvent jamais s'accorder. Le célèbre jurisconsulte de Sparte voulut, pour prévenir un pareil abus, que si l'état se trouvait par malheur divisé en petites sociétés, qu'on les multipliât pour que, donnant à l'inégalité un ressort plus étendu, il fut aisé de fixer le vœu général. *Solon, Numa* et *Servius,* imitèrent le sévère Lycurgue, et, comme lui, prirent les précautions que leur suggéra le génie dont ils étaient empreints.

CHAPITRE IV.

Des bornes du pouvoir souverain.

L'état est incontestablement une personne morale, dont l'union parmi ses membres forme l'existence. Il importe donc qu'il ait une force universelle pour veiller à son premier soin, qui est sa conservation et son bonheur.

Le pacte social qui établit les rapports les plus intimes entre les citoyens d'une même patrie, assigne au corps politique un pouvoir illimité qui, dirigé par la volonté générale, constitue la souveraineté.

Mais cette même souveraineté ne se compose pas seulement de la personne publique ; il faut encore considérer les citoyens privés, dont assurément la vie et la liberté sont indépendantes. Avant tout, il est essentiel de bien établir les droits respectifs des uns et des autres.

Un citoyen doit à sa patrie tous les services qu'il lui est possible de rendre. Le corps social ne peut de son côté exiger des choses qui seraient inutiles à la société, car la raison veut que rien ne doit se faire sans cause légitime. C'est au souverain à demander les services à rendre par chaque membre de l'association; mais le souverain aussi n'a pas le droit de faire porter des fardeaux inutiles à la communauté ; la raison lui défend même de le vouloir.

Nous avons des engagemens qui nous lient au corps politique, et ils ne sont obligatoires que parce qu'ils sont mutuels. En travaillant pour autrui, on travaille évidemment pour soi ; telle est la nature du vrai pacte social. La raison qui fait que la volonté générale est toujours droite, c'est qu'elle se trouve en général en sens inverse des volontés particulières. La première, pour être vraiment telle, doit l'être dans son objet comme dans son essence, parlant de tous et devant s'appliquer à tous; tandis que la seconde, la volonté particulière, n'a constamment en vue que le bonheur de chacun d'eux, et c'est cette impulsion particulière d'égoïsme qui fait qu'en votant pour tous, chaque citoyen songe à soi. Cependant il est vrai de dire que très souvent c'est de ces votes d'un intérêt tout particulier que sort un corps de délibérations utile à toute l'association. Ainsi il est vrai de dire aussi que chaque citoyen, en votant pour une délibération dont l'heureux effet doit se faire sentir sur la société en général, a pour principal objet de son vote le bien particulier de ses intérêts. Cela prouve l'égalité de droit, et que la volonté générale ne peut exister, si elle n'est ainsi dans son essence et son objet; perdant sa rectitude naturelle lorsqu'elle n'envisage qu'un objet particulier, alors cela regarde la magistrature qui est revêtue du pouvoir de l'exercer.

Rousseau avance un paradoxe, lorsqu'il écrit «que de même qu'une volonté particulière ne «peut représenter la volonté générale, la volonté «générale, à son tour, change de nature, ayant «un objet particulier, et ne peut, comme géné-«rale, prononcer ni sur un homme ni sur un «fait.» Il cite à l'appui de son raisonnement la conduite que tenait le peuple d'Athènes lorsque, exerçant indistinctement tous les actes du gouvernement, il n'avait plus de volonté générale : il ajoute qu'il agissait alors non comme souverain, mais comme magistrat. Mais un peuple peut-il jamais exercer en corps ce qu'on appelle un acte de judicature, sans retomber dans le gouffre des injustices et des privations humaines; et ne serais-je même pas en droit de dire, à la rigueur, que le grand citoyen de Genève a commis un sophisme, car il conclut, en parlant ainsi, en opposition avec ses principes, ayant préalablement démontré et prouvé avec raison «que le pacte social donne au corps politique un «pouvoir absolu sur tous les siens.»

Le pacte social a donc le droit de statuer sur un objet particulier, et d'en prévoir dans ses ordonnances les cas à venir. Si le cas n'avait point été prévu, il ne peut rien décider, car ce serait mettre aux prises les parties avec la volonté générale, qui ne peut varier dans son essence, ni changer de nature.

Il suit de là que c'est l'intérêt commun qui établit la volonté générale, puisque chacun se soumet aux conditions qu'il impose aux autres, et, comme l'observe très judicieusement Rousseau, « accord admirable de l'intérêt et de la «justice, qui donne aux délibérations publiques «un caractère d'équité, en identifiant la règle du «juge avec celle de l'état.»

Un acte de souveraineté n'est pas une convention du supérieur avec l'inférieur, mais une convention du corps social avec chacun de ses membres en particulier. Cette convention est assurément des plus légitimes, puisqu'elle a pour base le même contrat social, et d'autant plus équitable, qu'elle est commune à tous. Elle est utile parce qu'elle a pour principal objet l'intérêt général, et solide, comme ayant pour garant la force publique et le pouvoir suprême.

Demander jusqu'à quel point s'étendent les droits respectifs du souverain et du citoyen, c'est évidemment demander jusqu'à quel point les citoyens peuvent s'engager entre eux et avec eux-mêmes. En effet, le pacte social établit entre les citoyens une égalité telle, qu'ils se soumettent tous aux mêmes lois. Un acte de souveraineté est un acte authentique de la volonté générale, qui ne peut établir de convention qu'entre le corps politique et chacun des membres qui le composent. Ainsi les citoyens, en se conformant à ces conventions, n'obéissent qu'à eux-mêmes. D'après ce que je viens de dire, on voit qu'il est impossible d'assigner des bornes au pouvoir souverain. Jean-Jacques n'a pas résolu précisément la question : peut-être, comme citoyen d'une république, a-t-il voulu donner au pays qui l'a vu naître cette nouvelle garantie de ses sentimens patriotiques, et ne pas fronder les opinions reçues dans sa mère-patrie. C'est donc moi, pauvre analyste inaperçu, qui me permets de trancher la question, en suppléant par ma faible voix au silence éloquent du grand publiciste que je viens de citer. Rousseau, par ce silence calculé (je crois), laisse un doute qui nous prouve qu'il n'a pas voulu s'occuper de donner une solution positive à ce chapitre.

CHAPITRE V.

Du droit de vie et de mort.

Il paraît étonnant comment les particuliers, n'ayant pas le droit de disposer de leur vie, peuvent donner au corps politique celui d'en disposer sur un de ses membres. Je répondrai à cela que le but du corps social étant de se conserver, il doit employer tous les moyens qu'il croira nécessaires pour y parvenir. Lorsqu'on inflige la peine de mort à un criminel, c'est lui dire : « Il est ex-« pédient à l'état que tu meures, puisque c'est « pour n'être pas la victime d'un assassin que « l'on consent à mourir si on le devient. »

Le grand motif d'une pareille convention était

d'assurer l'existence de chaque individu, et, comme le dit Rousseau, il n'est pas à présumer, quand on a fait ces conditions, qu'aucun des contractans préméditât alors de se faire pendre. D'ailleurs, lorsqu'un citoyen se rend coupable de quelque crime attaquant le corps politique, il s'en déclare ouvertement l'ennemi. L'état de guerre existe par ce fait, et le plus fort a, dans ce cas, le droit de vie sur le vaincu, puisque l'existence de ce dernier est incompatible avec celle du vainqueur.

Je partage en entier l'opinion de Jean-Jacques, lorsqu'il dit que la fréquence des supplices est une preuve de la faiblesse du gouvernement de l'état, et qu'on n'a le droit de faire mourir que lorsque la vie du coupable ne peut être conservée sans danger.

Le droit de faire grâce n'appartient qu'au souverain, c'est-à-dire, à celui qui est au-dessus du juge; mais on pourrait dire, pour être conséquent avec les principes déjà émis, que les droits du souverain ne sont pas bien nets, si, du moins, l'on part, dis-je, de cette base fondamentale, qui veut que la souveraineté réside exclusivement dans la volonté générale du corps réuni des membres de l'acte d'association. Je fais cette observation, parce qu'elle ne me paraît nullement en harmonie avec les principes déjà annoncés par Rousseau, et la manière dont il parle du souverain, qu'il met au-dessus même de la loi, me prouve que c'est une concession passagère qu'il aura faite par reconnaissance ou prudence en faveur du roi de France, dans les états duquel il était venu chercher un abri contre les persécutions que lui faisaient éprouver ses propres concitoyens. Au reste, cet exemple n'a rien qui doive nous surprendre; car l'on connaît l'ingratitude des républiques anciennes et même modernes envers les grands hommes qui les ont immortalisées.

Dans un état bien gouverné, il y a peu de punitions, non parce qu'on est sûr d'obtenir sa grâce, mais parce qu'il y a peu de criminels. Il est à remarquer que les anciens faisaient peu de grâces, parce qu'ils étaient bien convaincus que la multitude des crimes en assurent l'impunité, quand le corps social tombe en décadence, et, d'accord en ce point avec le philosophe de Genève, je dirai avec lui : «Les fréquentes grâces «annoncent que bientôt les forfaits n'en auront «plus besoin, et chacun voit où cela mène.»

CHAPITRE VI.

De la loi.

Plutarque a dit avec raison que la loi est la reine de tous mortels et immortels.

Dans l'esprit de la loi, nous devons remarquer trois sortes de divisions, d'origines et d'applications : 1º les rapports que les lois ont avec les divers êtres; 2º les lois de la nature; 3º les lois positives.

La loi, en général, est la raison humaine, parce qu'elle gouverne tous les peuples du globe; mais elle change en lois politiques et civiles, c'est-à-dire, en cas particuliers à chaque nation où s'applique cette raison humaine.

On peut regarder les lois dans leur plus grande signification comme les rapports nécessaires qui proviennent de la nature même des choses. Tous les êtres ont leurs lois, ainsi que le monde matériel, les hommes, les bêtes, et l'on pourrait ajouter encore à cette nomenclature les intelligences supérieures à l'homme.

Il existe nécessairement une raison primitive ou force motrice, qui n'est autre chose que les rapports qui se trouvent entre les lois naturelles,

et les différens êtres qui en éprouvent l'influence. La loi est l'expression du sentiment universel des hommes; en un mot, l'obligation de la
vie civile. Voilà pourquoi la loi politique est
l'expression de la volonté générale.

Avant les lois, il y avait des rapports de justice possible, et l'on ne peut affirmer qu'il n'y a
rien de juste ni d'injuste que ce que défendent les
lois positives. On ne peut se dispenser encore d'a-
vouer qu'il n'y ait eu des rapports d'équité naturelle antérieurs à la loi positive. Si l'on suppose, par exemple, qu'il ait existé avant nous
des sociétés d'hommes réunis en corps social
d'après d'autres systèmes que ceux qui nous régissent, il serait juste de dire qu'on devait à
cette époque se conformer à leurs lois, que la reconnaissance était due à ceux dont on avait reçu
des bienfaits, et que tout membre de l'association qui avait porté préjudice à son semblable
devait en recevoir la juste punition.

On aurait grand tort de croire que le monde
intellectuel puisse être aussi bien gouverné que
le monde matériel. Si le premier a, par sa nature, des lois invariables, il ne les suit pas avec
la même constance que le monde physique suit

les siennes. On ne peut en trouver la raison que dans ce fait : c'est que les êtres intelligens, pris isolément, sont sujets à l'erreur comme bornés dans leur nature, et que d'un autre côté ils agissent par leur propre impulsion de conservation et de bonheur.

Les animaux n'ont pas les mêmes avantages que les êtres intelligens; mais aussi ils en ont que nous n'avons pas. S'ils n'ont pas nos espérances, ils en sont bien rédimés, car ils n'éprouvent pas nos sentimens de crainte. Comme nous ils subissent l'arrêt final et irrévocable de la vie, mais ils ne le connaissent pas, et l'ignorent comme un avenir certain. On pourrait même ajouter que les animaux nous donnent la grande leçon de savoir mieux se gouverner que nous, en ne faisant pas une aussi funeste application de leurs passions, qui jamais ne sont déréglées, puisqu'elles sont entièrement indépendantes d'une volonté calculée.

Comme être physique, l'homme est gouverné par des lois invariables; mais, comme être intelligent, il viole toujours et sans cesse celles établies par le grand régulateur de l'univers. Il est créature sensible, et, comme tel, sujet à l'er-

reur et à mille passions. Il peut à chaque instant perdre de vue le grand moteur de son existence; mais, en compensation, Dieu lui a donné
des lois de religion; et pouvant même s'oublier
lui-même, Dieu a voulu qu'il se formât des philosophes qui lui ont fait connaître les lois de la
morale. Sous le rapport social, l'homme étant
né pour vivre en société, Dieu a voulu encore
qu'il s'élevât dans le sein de l'association des législateurs qui lui ont tracé la ligne de ses devoirs,
en lui donnant des lois civiles et politiques.

Avant toutes ces lois dont je viens d'entretenir le lecteur, il faut mettre les lois naturelles,
qui ne sont telles que parce qu'elles sont une
conséquence immédiate de la constitution de
notre être. Ces lois sont donc celles que l'homme
a reçues dans l'état de nature. La première impulsion que nous en recevons est celle qui nous
porte et nous fait reconnaître l'existence d'un
créateur suprême. La religion n'est autre chose
que les différentes applications des émanations
que nous fait éprouver le besoin de lui témoigner notre vive reconnaissance et notre profonde conviction sur l'immensité de sa toute-
puissance.

Ainsi que je crois l'avoir précédemment dit, les hommes ont, outre le sentiment de s'unir, dans le but de leur conservation, celui du besoin de vivre en société. On doit le considérer comme une autre loi naturelle dont, au reste, nous ne connaissons ni ne connaîtrons jamais l'étendue de son entier développement.

Si nous passons aux lois positives, nous voyons que les hommes en société perdent le sentiment de leur faiblesse. Cette égalité qui primitivement régnait entre eux, cesse dès-lors, et là commence l'état de guerre. L'état de guerre de nation à nation provient de ce que chaque société apprend à connaître sa force. La nécessité a fait sentir aux hommes, par suite de cet état de rivalité d'individu à individu, et de société à société, celle d'établir des lois régulatrices. Ces lois considérées comme utiles à des individus vivant dans une société qui veut se maintenir, établissent à cet effet les rapports les plus intimes entre ceux qui gouvernent et ceux qui sont gouvernés : c'est de là que vient le *droit politique;* et de ceux établis entre les citoyens, le *droit civil.* Le droit des gens est celui qui établit les rapports de nation à nation. Nous ne nous occuperons pas des lois qui régularisent ce dernier, n'ayant à parler que de celles des droits civils et politiques.

Il est positif qu'une société ne saurait subsister sans un gouvernement, et la réunion de toutes ces forces, comprises dans leurs droits politiques particuliers, forment ce qu'on appelle l'*état politique*. La force générale dans ces différens états, prise individuellement, doit être nécessairement placée ou entre les mains d'un seul, ou entre les mains de plusieurs. C'est de cette différente application, dans la direction de la force publique, que dépend la différence dans les modes de gouvernement; car il est ordinaire, par suite de l'ordre naturel des choses, que celui qui commande à la force armée finit, tôt ou tard, par s'emparer de l'autorité souveraine en subjugant à l'empire des armes non seulement sa terre natale, mais encore les nations voisines.

Par l'exemple que nous donne le gouvernement paternel, on ne peut tirer aucune conséquence pour savoir si son application est possible hors de la famille. Nous voyons, en effet, qu'après la mort du père commun, il arrive fréquemment qu'il n'est pas remplacé, et que l'anarchie s'introduit dans la famille par l'effet des dissentions intestines que provoquent soit l'ambition du commandement, soit les directions opposées des intérêts matériels. Il est plus simple de déclarer (avant que de se jeter dans les paradoxes et les systèmes) que le meilleur des gouvernemens, et par conséquent le plus conforme à la nature, est celui dont le principe organique se rapporte le mieux à la disposition comme au génie particulier du peuple pour lequel il est établi. Les lois qui en dérivent doivent être propres à ce peuple, et il est rare que celles d'une nation puissent convenir à une autre. Il faut, en outre, avant de lui donner des lois, consulter son climat, sa position topographique, le genre de vie des individus, son terrein, sa religion, ses mœurs, la plus ou moins grande population, et apprécier surtout l'esprit des habitans, afin de connaître le degré de liberté qu'on pourrait leur donner.

Je viens d'offrir au lecteur la partie métaphysique de la loi prise dans ces élémens constitutifs; voyons maintenant les rapports qu'elle a avec le principe de chaque gouvernement, ainsi que ses diverses applications dans l'ordre civil et politique seulement.

D'après tous les antécédens précités, il est évident que le pacte social a donné l'existence au corps politique; mais il faut actuellement lui donner le mouvement et la volonté qu'il reçoit de sa législation.

Le principal acte de la législation est donc la *loi* : la loi, je le répète, est l'expression de la volonté générale : je l'ai, je pense, suffisamment démontré.

Quand le peuple ou ses représentans, c'est-à-dire, les mandataires à qui il transmet momentanément l'exercice de la souveraineté, statuent sur une matière qui intéresse l'association générale, le rapport qui se forme a pour but un seul objet, qui n'admet aucune division. Cet acte est ce qu'on appelle une *loi*.

Le but de la loi étant toujours général, elle considère par conséquent les citoyens en corps, et les actions comme purement abstraites, ne pouvant s'arrêter ni sur un individu, ni sur une action particulière.

Le pouvoir de faire la loi n'appartient qu'au souverain, puisqu'elle prend son essence et la vie dans la volonté générale. Rien donc ne peut être au-dessus de la *loi*. On voit, par-là, combien est grande l'absurdité du gouvernement despotique, puisque le prince, qui n'est qu'un homme et simple membre de l'état, se trouve au-dessus de la loi, qui ne peut être appelée ainsi, n'émanant pas de la volonté générale. La loi ne peut être injuste, car il faudrait alors considérer les individus comme agissant en sens inverse de leurs intérêts, c'est-à-dire, injustes envers eux-mêmes.

Obéir à la loi n'est point restreindre sa volonté particulière, ni sa liberté, ne pouvant considérer la loi que comme le registre des volontés de tous. Il ne faut pas confondre une loi avec un décret; d'après ce que je viens de dire de la nature de la première, il s'ensuit qu'elle ne peut avoir d'objet particulier; mais lorsque le souverain n'envisage qu'un seul objet, alors c'est un décret ou un acte de magistrature.

Le gouvernement républicain est donc, à proprement parler, le seul qui existe *comme principe*, puisque lui seul est régi par la loi. Tout autre espèce ne peut qu'être despotique (pris à la rigueur selon le sens de la loi), n'étant régi que par des décrets ou actes de magistrature et non de souveraineté. L'occasion se présente de rappeler aux Français que, malgré les idéologues, Louis XII et Henri IV ont régné sur eux; ce qui prouve qu'il ne faut pas tout prendre au pied de la lettre.

Ce qui distingue donc le gouvernement avoué par la nature d'avec le despotique, c'est que, dans le premier, le peuple n'obéit qu'à la loi, émanation de sa propre volonté, tandis que, dans le second, il obéit servilement à un acte arbitraire, comme étant fait par un magistrat qui se met au-dessus de la loi.

On voit qu'une monarchie peut être une république, si l'homme, appelé monarque, n'est qu'un magistrat, chargé de mettre à exécution la loi, expression invariable de la volonté générale. Les lois doivent être considérées comme les conditions de l'association politique, car le peuple qui s'y soumet en doit être nécessairement l'auteur, les réglemens de la société ne pouvant appartenir qu'à ceux qui se sont réunis pour la constituer.

Mais le peuple, en général très ignorant, peut-il avoir la prévoyance nécessaire pour établir les conditions du pacte social? D'ailleurs, comment réunir une multitude souvent dispersée à des distances très éloignées. La volonté générale veut le bien; mais si les volontés particulières par qui elle est formée n'ont point le jugement requis pour statuer sur un acte public, on ne pourra jamais arriver à un heureux résultat.

Les hommes ont senti la nécessité de donner au corps politique un organe pour énoncer ses volontés, et c'est cet organe qu'on nomme *corps législatif.* Ce dernier doit lui donner la prévoyance nécessaire pour établir les actes qui lui sont nécessaires, et il ne faut jamais attendre le moment du besoin. Il serait impossible qu'une masse de peuple toujours aveugle, même dans ses plus chers intérêts, exécutât d'elle-même une aussi formidable entreprise qu'un système de législation. Comment, en effet, le pourrait-elle, elle qui ne fait presque jamais ce qui lui est utile. On peut dire que, si le peuple veut le bien, il ne le voit pas toujours. La volonté générale n'est jamais équivoque; mais il arrive malheureusement qu'elle manque souvent de guides éclairés. Il est essentiel de lui faire voir les choses telles qu'elles sont, pour éviter d'être surprise par de mauvais résultats; lui faire connaître la véritable route de salut public; lui faire apercevoir le piége presque toujours caché des ambitions particulières, qui prennent facilement le masque de l'intérêt général pour mieux le trahir; et faire ou établir une balance des maux pour s'assurer un calcul exact de l'avenir. Le public a ses caprices : il veut souvent le bien qu'il ne voit pas, et rejette le bien qu'il voit. Il faut, en un mot, que des lumières publiques il en jaillisse la source qui vient vivifier toutes les branches du corps social; assurer le concours de toutes ses parties, en augmentant la force de l'association. Pour arriver à une fin du bonheur public, et en bien fixer les principes organiques, il a fallu nécessairement remettre le sort du corps social entre les mains d'honorables citoyens, qui, par leur intelligence supérieure, puissent établir les meilleures règles utiles à la société. C'est de là qu'est née la nécessité d'un législateur.

CHAPITRE VII.

Du législateur.

La nature humaine n'est point douée de cette intelligence supérieure, seule capable de bien fixer ou assurer les moyens nécessaires pour procurer le véritable bonheur. Tâchons d'examiner les remèdes propres à la secourir.

Pour donner une bonne institution sociale à un peuple, il faut, pour ainsi dire, donner un nouveau cours aux passions des hommes : il faudrait substituer une existence morale à une qui n'est que physique : il faut «ôter à l'homme ses «forces propres pour lui en donner qui lui «soient étrangères, et dont il ne puisse faire «usage sans le secours d'autrui.» En effet, dans un état bien constitué, les forces naturelles sont presque nulles, devant donner naissance à d'autres, qui font que chaque individu ne peut rien, s'il n'est aidé par tous les autres. C'est alors que la législation est arrivée à sa dernière période de perfectibilité.

Le législateur doit être un homme étranger à l'état; car, constituant les règles du corps politique, son emploi n'est ni magistrature, ni souveraineté. C'est une fonction qui ne peut avoir aucune espèce de rapports avec l'empire humain : car, si le législateur, ne pouvant commander aux hommes, ne peut commander aux lois, le législateur, commandant aux lois, ne

peut commander aux hommes ; autrement elles
deviendraient souvent les ministres de ses fu-
reurs. Nous n'en avons que trop éprouvé la funeste expérience.

Il est à remarquer que la plupart des villes de
l'ancienne Grèce ont toutes confié à des étrangers l'établissement de leur législation. La république romaine fut à deux doigts de sa perte,
pour avoir donné l'autorité législative à des magistrats déjà revêtus du pouvoir souverain.

«Pour donner des lois aux hommes, il faudrait
«des dieux, dit Rousseau.» En effet, si les sages qui
y sont appelés voulaient parler au vulgaire leur
langage, ils seraient pour lui inintelligibles. Les
objets trop éloignés sont hors de sa portée. Chaque individu regarde comme le meilleur gouvernement celui qui convient le mieux à ses intérêts
présens. Un peuple naissant ne peut, par son
ignorance, comprendre avec fruit les principes
de la saine politique : un peuple vieux en est dé-
tourné par la corruption. Il faut donc que le législateur emploie quelquefois des moyens qui
répugnent à la raison, mais qui, néanmoins, portent la conviction chez la grande masse igno-
rante des individus.

Le grand Montesquieu a dit qu'à la naissance des sociétés, ce sont les chefs des républiques qui ont fondé les institutions; mais, en revanche, ce sont les institutions qui ont formé les chefs des républiques. D'où provient cette réciprocité? c'est ce que l'illustre écrivain n'a pas démontré. Oserais-je dire que la raison en est peut-être dans le perfectionnement de ces mêmes institutions, qui prend sa source dans les rapports sociaux plus exercés des citoyens entre eux.

Je viens de dire qu'il est indispensable au législateur d'employer des moyens extraordinaires, en cas d'insuffisance de ceux qui offrent la force et le raisonnement. Il a donc fallu qu'il eût recours à un autre ordre de choses, qui pût entraîner sans violence comme convaincre sans efforts surnaturels. Les pères des nations eurent donc recours à l'intervention des sentimens religieux, et établirent des cérémonies qui, pénétrant dans les consciences par la crédulité, frappent les sens extérieurement. Les peuples furent dès-lors soumis aux lois de l'état, comme ils l'étaient déjà à celles de la nature, et, trouvant la même origine de pouvoir suprême dans la formation de la créature comme dans celle du corps social, obéirent docilement, en partageant entre eux le joug de la félicité publique. Ces législateurs, vrais connaisseurs du cœur humain, ont mis leurs décisions dans la bouche des dieux immortels. Ils ont senti qu'il existe une raison sublime, qui, s'élevant au-dessus de la portée ordinaire des hommes, entraînent le vulgaire en lui parlant le langage de l'autorité divine, quand il résiste à la persuasion humaine.

Il n'appartient pas à tous les hommes audacieux de faire parler les dieux, ni d'inspirer une aveugle croyance en se disant leurs interprètes. La mission du législateur doit prendre sa garantie dans les sentimens élevés de son âme. Ce n'est point par des actes de charlatanisme qu'il en imposera long-temps aux peuples. Il peut les éblouir, pendant quelques instans, par l'effet de quelques adroits sortiléges; mais l'auguste vérité finit toujours par se frayer un passage; les vains prestiges ne forment jamais que des liens passagers; la sagesse seule les rend durables.

Warburton est tombé dans un faux raisonnement, lorsqu'il a établi pour principe que la religion et la politique avaient parmi nous le même but. La meilleure réfutation qu'on puisse lui faire est basée sur l'expérience des siècles passés; car nous avons vu bien de sectes religieuses s'évanouir, et faire place aux principes de vraie philosophie qui en dévoilait toute l'absurdité, jusqu'à ce qu'un autre apôtre de la bonne inspiration vînt donner aux hommes de nouveaux moyens de salut. La décadence du système religieux est un signe certain de la vétusté du corps politique, dont presque toujours il hâte la chute par l'effet de la rivalité qui s'élève entre les chefs de l'état et les ministres du culte. C'est alors que ce peuple devient célèbre, parce que toutes ses passions sont en mouvement, et que l'enthousiasme du changement fait agir, semblable à un mourant qui, près de la tombe, donne encore des signes de force dont l'effort même achève la perte.

Si la religion et la politique n'ont rien de commun chez une nation qui a parcouru son cercle de civilisation, on ne peut néanmoins disconvenir que, dans l'origine de son établissement, l'une sert de puissant instrument à l'autre.

Pour prouver combien sont funestes au bien de l'état les querelles qui naissent entre les sectes religieuses et les philosophiques, je me bornerai à rappeler aux lecteurs la terrible influence qu'avaient acquis chez nous les jésuites dont l'expulsion sauva la France.

———

CHAPITRE VIII.

Du peuple.

La première chose qu'un sage législateur doit faire, c'est de savoir si le peuple, auquel il va donner des lois, est en état de les exécuter; c'est-à-dire, si la corruption ne l'a point atteint. Dans tous les cas, il faut donner à un peuple les lois qui lui sont propres, et que commandent le climat, le terroir et sa situation topographique. Telles sont les trois grandes données desquelles un législateur ne doit jamais s'écarter.

Les nations sont comme les hommes ; elles ont leur enfance, leur âge mûr et leur vieillesse. Quand elles sont dans le premier âge, la docilité est leur partage; mais elles deviennent incorrigibles en vieillissant. Il est dangereux de vouloir réformer un peuple, lorsqu'il a été guidé par de vieux préjugés et d'anciennes habitudes; il ne veut même pas qu'on le sorte de cet état maladif, et il frémit à l'aspect de son régénérateur.

6

Il y a cependant certaines époques où les peuples se réveillent, et, reprenant leur ancienne énergie, ils font éprouver à l'état de fortes secousses, qui le font renaître, pour ainsi dire, de ses cendres. Rome nous en a offert l'exemple, au temps de l'expulsion des Tarquins. Ces événemens sont néanmoins fort rares, et arrivent ordinairement dans l'origine de l'établissement des nations. Un peuple encore barbare peut se rendre libre; mais celui qui a déjà connu et enfreint les lois de la civilisation, et dont les ressorts civils sont usés, a besoin d'un maître, et non d'un libérateur.

Peuples de la terre! qui êtes sortis de l'état primitif de bonheur que la nature vous avait donné, souvenez-vous de la sentence de Rousseau : «Peuples libres, n'oubliez point cette «maxime : on peut acquérir la liberté, mais on «ne la recouvre jamais, quand on n'a pas su la «conserver.» Ce que je viens de citer offre un vaste champ de réflexions, et prouve qu'il faut le moins possible faire des révolutions. Les lois de la nature ne varient pas. L'expérience nous prouve que le mieux est l'ennemi du bien, et laissons à des prolétaires, aventuriers par position, le rôle odieux d'ennemis d'un ordre établi, surtout lorsque cet ordre politique offre des garanties à la prospérité publique.

Je reviens aux devoirs d'un sage législateur qui est appelé à donner des lois à un peuple, ainsi qu'aux principes dont il ne peut s'écarter. J'ai dit qu'il avait à consulter le moral de ceux qu'il va régir : en effet, chaque peuple a son caractère comme chaque homme, et ce caractère général est formé de toutes les ressemblances que la nature et l'habitude ont mises entre les habitans d'un même pays, au milieu des variétés qui les distinguent. Ainsi le génie, l'esprit et le caractère résultent de ce que les différentes provinces d'un royaume ont entre elles de semblable. Le climat et le sol impriment évidemment aux hommes, comme aux animaux et aux plantes, des marques qui ne changent jamais. Celles qui dépendent du gouvernement, de la religion et de l'éducation, peuvent s'altérer. Voilà la raison pourquoi, lorsque les peuples ont perdu une partie de leur ancien caractère, ils ont conservé l'autre. Un peuple, qui jadis a soumis la moitié du globe à l'empire de ses armes, n'est plus reconnaissable aujourd'hui, soumis qu'il est à un gouvernement sacerdotal; mais le fond de son ancienne grandeur d'âme n'est point perdu, quoique caché sous la faiblesse de sa position politique dont il sent toute la médiocrité.

La jeunesse d'un peuple n'est point son enfance; il faut attendre sa maturité pour lui donner des lois. Le grand but qu'on doit se proposer est évidemment d'arriver à cet état de société civile ou de nation, état dans lequel un peuple doit trouver avec plus d'abondance les moyens d'assurer sa conservation, et de perfectionner, par un continuel développement, l'emploi de toutes ses facultés.

Mais, arrivés à ce point, nos rapports se multiplient; ces douces affections, qui nous invitent d'une manière si pressante à l'accomplissement de tous nos devoirs dans l'état de famille, n'ont plus la même puissance : le sentiment seul ne suffit plus pour nous guider, et nous faire éviter les dangereux calculs de l'intérêt personnel, de ce moi humain, qui, lorsqu'il est mal dirigé, produit tant d'erreurs et de maux. Il faut appeler ici les lumières de la raison, les conseils de l'expérience, pour bien distinguer les droits et les devoirs si étendus qui vont naître pour nous de

ce nouvel état, et déterminer sûrement leurs limites respectives.

De plusieurs individus réunis se forme une famille; ainsi, de plusieurs familles réunies, comme
je l'ai déjà dit, se forme, sous la dénomination de
peuple, un corps social. Cette association, suite
nécessaire de la première, a, comme elle, pour
principe, le besoin de secours contre tous les
maux attachés à l'existence isolée, d'appui enfin
contre l'abus de la force et de l'injustice.

Loin de sacrifier ici aucun de ses avantages,
comme l'ont prétendu quelques écrivains égarés
par la fausse opinion qu'ils se sont faite de l'état
de nature, l'homme vient, au contraire, trouver
dans cette association plus puissante l'entière garantie et la plus parfaite jouissance de tous ses
droits.

On aurait donc grand tort d'établir, par exemple, qu'en passant ainsi de l'état de famille à
l'état de société civile, il a consenti à perdre une
partie de sa liberté naturelle pour conserver l'autre. Quelqu'ingénieuse que paraisse cette idée,
elle est fausse; pour le sentir, il ne s'agit que de
bien apprécier la valeur des mots, et de rechercher le vrai sens que l'on doit donner à ce mot

liberté. Si l'on entend, par liberté, ce qu'on doit entendre, ainsi que nous la définissons, le droit pour l'homme de disposer, raisonnablement et avec justice, de l'usage de ses facultés, c'est-à-dire, en respectant ce même droit dans les autres, on verra que c'est dans l'état de société civile qu'il doit trouver la jouissance la plus sûre et la plus parfaite de sa liberté. Qui se refuserait, en effet, à reconnaître que, dans quelque état prétendu de nature qu'on le suppose, il ne peut jamais l'exercer, sans se nuire, que d'une manière conforme à la raison et à la justice. Vouloir qu'il l'exerce autrement, ce serait vouloir en faire un insensé et le plus dangereux ennemi de lui-même; d'où il suivrait qu'en arrivant à l'état social, ce ne serait pas un droit, ce ne serait pas sa liberté qu'il sacrifierait, mais l'abus de sa liberté.

Reste donc, en laissant de côté toutes ces discussions, que dans l'état d'association, résultat de la collection des droits et des devoirs respectifs de tous, l'homme, considéré comme individu, doit trouver la jouissance de tous ses droits sans être contraint d'en céder aucun pour exercer les autres; que la société entière recon-

naît non seulement le besoin de s'abstenir envers
lui de tout ce qui peut injustement troubler le
repos et le bonheur de son existence, mais encore l'obligation de repousser loin de lui la plus
légère attaque de l'injustice et de la violence.

Le lecteur me pardonnera d'avoir donné une
certaine extension à mes réflexions. J'ai saisi
cette occasion pour entrer dans quelques développemens sur ce passage de l'état primitif à l'é-
tat de société civile. Il me semblait que je devais
m'étendre à cet égard, lorsque je traiterai le chapitre qui concerne le peuple. Ce n'est point un
hors-d'œuvre; je crois avoir présenté le tableau
de ses plus chers intérêts, comme de ses plus
doux rapports. Je reviens à mon premier sujet
sur les divers âges des peuples, et, en général,
sur leur application.

Si un peuple reçoit des lois avant qu'il ne soit
en état de les comprendre et de les exécuter, il
est à peu près certain de n'avoir jamais un corps
politique parfaitement établi. Les Russes, par
exemple, sont de ce nombre. Pierre-le-Grand,
avec d'excellentes intentions, a manqué, selon
moi, la grande œuvre qu'il se proposait. Il a
trop exigé de sa nation, comme lui ayant fait

faire un trop grand effort sur elle-même, et elle ne sera jamais bien policée pour l'avoir été beaucoup plus tôt que son âge ne le permettait. Ce grand monarque a fait la faute d'avoir trop tôt civilisé son peuple, lorsqu'il ne fallait encore que l'aguerrir. Les Russes ne seront jamais ce qu'ils auraient pu être, parce qu'ils ont cru être ce qu'ils ne sont pas ; aussi Rousseau les compare-t-il fort ingénieusement à un jeune élève formé pour briller un moment dans son enfance et pour rester ensuite totalement éclipsé de la société, sous le rapport de la civilisation seulement.

«L'empire de Russie, dit aussi le même au-«teur, voudra subjuguer l'Europe, et le sera à «son tour. Les Tartares, ses sujets et ses voisins, «deviendront ses maîtres et les nôtres. Cette ré-«volution me paraît infaillible, car tous les rois «de l'Europe travaillent de concert à l'accélé-rer.» En effet, toutes les choses matérielles ou physiques suivent, dans le cours de leurs révolutions, des règles dont elles ne peuvent dévier ; elles sont renfermées dans un cercle que leur a prescrit la nature. Pour se convaincre de cette importante vérité, parcourons d'un œil attentif la sublime organisation du globe que nous habi-

tons. Nous y découvrirons tous les jours de nouvelles propriétés qui ont entre elles les plus
grands rapports. C'est dans cette source féconde
de vérités philosophiques que je vais prouver
que les nations méridionales de l'Europe seront,
peut-être avant un siècle, l'apanage des Russes.

Les hommes ont, par leur organisation, pour
but premier de toutes leurs actions, leur conservation et leur bonheur. Par une suite de cette
auguste vérité, ils sont donc portés à chercher
un climat tempéré, et sous lequel ils puissent
vivre heureux. Or, il est de toute impossibilité
que les peuples de la Russie (cette puissance co-
lossale du nord), puissent subsister sur un territoire si stérile, ne pouvant même fournir aux
premiers et indispensables besoins de ses habitans. A mesure que la population augmente, les
besoins s'accroissent aussi. La seule chose qui
pourrait y remédier leur manque (le sol fertile).
Ils seront donc par la suite forcés d'aller en chercher un qui leur soit propice.

Disons un mot de cet empire russe dont l'avenir m'effraie!

Cet empire russe ou moscovite n'était compté,
il y a cent ans, que parmi les nations barbares;

on la confondait avec les Tartares et les Cosaques. Un seul homme, Pierre-le-Grand, l'a tirée de cet état, et l'a rangée parmi les puissances redoutables, et très digne qu'on réprime son trop de pouvoir; car cette puissance étant arrivée soudainement à la politesse, s'est trouvée d'une grandeur immense. On l'a négligeait mal à propos dans le courant du siècle dernier, en n'accordant nulle attention à un peuple encore plongé en partie dans la barbarie.

Pierre-le-Grand a été à la fois conquérant et législateur, ce qui le met au rang des plus grands hommes que le monde ait vus.

Outre la vaste étendue de leur empire, les czars se trouvent en possession d'une autorité sans bornes sur leurs peuples. Ils sont en même temps les chefs et de l'état et de la religion. Mais de nos jours, ne pourrait-on pas dire que le grand homme devant qui l'univers s'est tû, voulait, à l'exemple des empereurs moscovites, se rendre aussi le chef de la religion en France. Ce génie actif et prévoyant qui lui avait fait dire du haut de la grande pyramide des Pharaons, *je vois quarante siècles devant moi*, ne lui aurait-il pas suggéré la pensée d'être en même temps le suprême

dispensateur des lois civiles, politiques et religieuses, qu'il aurait unies par un lien commun.
Je laisse au lecteur, peut-être étonné de mon observation, le soin et l'initiative d'en tirer les conséquences qu'il croira justes et nécessaires.

A un peuple comme celui de la Russie, où la
civilisation a déjà fait de grands progrès, il faut
des lois qui excitent aux arts et au luxe; il faut
qu'il attire les étrangers, non comme moyen de
population, mais pour inspirer à la classe peu
instruite les manières polies et de bon goût qui
sont si bien observées à la cour impériale.

La politique russe prendrait une mauvaise direction si elle voulait se livrer à l'esprit de conquête et d'ambition. Cet empire n'a déjà que trop
d'étendue, comme assez de côtes et de fleuves
pour faire un grand commerce. Elle ne devrait
entrer que dans des guerres où le peuple russe
pût y conquérir l'amitié et le concours des étrangers, faire oublier l'excès de sa puissance, et non
pas s'attirer l'envie de l'Europe qui se repent
peut-être de lui avoir prêté des secours propres à
le perfectionner, et de s'être endormie sur ses
premiers progrès.

Je ne crois pas que les czars, despotiques

comme ils le sont sur leurs peuples, élèvent leur noblesse à côté d'eux avec partage d'affection. Nous avons déjà vu Pierre-le-Grand travailler efficacement à l'abaissement des Boyards; ses successeurs, imitant son exemple, admettront le mérite aux places, et élèveront l'ancienneté de service. Le temps de l'aristocratie est passé quand le despotisme a commencé sans son secours.

Il est donc bien établi qu'il existe au bout de l'Europe un état que les politiques doivent soigneusement observer. Cet état est neuf en quelque sorte, et il est vieux tout à la fois : il est vieux par le caractère et les mœurs de ses peuples qui représentent l'antiquité dans ce qu'elle avait de simple ou de soumis; il est neuf par l'impulsion souveraine qu'il a donné aux idées publiques, à l'instruction, aux sciences, à tous les arts, à ceux de la guerre, comme à ceux de la paix.

Cet état, par sa position topographique, tend ses deux bras vers la civilisation et vers la barbarie; il sert de communication entre deux mondes, qui jusqu'ici ne sont connus que par le commerce, sorte de lien qui ne sert guère à l'avancement des idées, et au perfectionnement des habitudes.

Il y a déjà une réalité manifeste, c'est l'action ascendante de la Russie dans le monde entier. En parlant de la Russie, nous devons surtout entendre sa constitution d'état.

Seul pays au monde (dit très bien un Polonais réfugié, homme de talent), où le gouvernement soit de beaucoup plus civilisé que la nation, son action est préservée pour des siècles de ces entraves qui embarrassent aujourd'hui les autres états de l'Europe : vouloir et réussir n'est qu'un. Ce pouvoir, élevé comme il est, ne peut vouloir que le bien, car il n'est pas dans la nécessité absolue que les questions d'amélioration soient désormais subversives et révolutionnaires ; elles sont, de leur nature, pacifiques et organisatrices : améliorer n'est pas briser et détruire. Mais alors, c'est le pouvoir seul qui peut donner une garantie suffisante à ses sujets, si c'est lui qui prend l'initiative, si c'est lui qui d'en haut déverse le bien. En Russie, où il est seul agent civilisateur, les améliorations territoriales, commerciales et intellectuelles, découlant du gouvernement, sont tracées et dirigées par lui.

Plus loin, le même auteur conclut avec un enthousiasme remarquable, sous une plume polonaise : *Si les destinées de l'Europe sont celles du monde, si c'est par elle que les améliorations doivent se propager et s'étendre progressivement sur les autres parties du globe, c'est la Russie qui, principalement, accomplit et accomplira cette œuvre. Aurore de l'Asie, elle la réunit, elle la lie à l'Europe : elle doit être alors éminemment européenne. La Russie puisera ici pour répandre ailleurs : il faut donc qu'elle appartienne aux grands-maîtres de l'esprit européen. Elle l'occupe cette place que le génie de l'humanité lui a assignée, et où, pour le bien de cette humanité, il la maintiendra de son bras divin.*

La Russie n'agira pas seule dans cette Europe, soumise à deux ordres de puissance, à une puissance politique et à une puissance intellectuelle.

A elle, sans nul doute, cette immense prépondérance de la force conduite et inspirée par le génie de l'humanité, mais à la France l'expression et l'autorité de ce génie même.

Quelles que soient les révolutions qui fatiguent cette France, si légère et si enthousiaste, si

changeante et si futile, son empire moral reste
intact, du moins encore. Son prosélytisme civilisateur n'est point altéré, et dans ses corruptions
de toute sorte, survit le vieux christianisme, ce
principe éternel de l'ordre dans les sociétés.

Il arrivera donc ce qui est déjà arrivé, que la
force du nord se fondra dans l'autorité morale
du génie français; tout aboutit à cette unité;
il n'y a qu'à ne pas lui approcher d'obstacle.
Néanmoins je crains bien que cette union de la
force physique du nord avec la force morale de
la France ne subsiste pas long-temps, et que le
peuple qui subjugue par la force matérielle, n'en-
vahisse le tout par la seule raison du plus fort.

Après avoir prouvé précédemment que la nation russe ne pouvait physiquement subsister
long-temps sur le terrain qu'elle habite, je vais
prouver moralement que la France sera, des provinces méridionales de l'Europe, une des premières envahies. Le lecteur me pardonnera sans
doute cette digression, car je suis Français,
et un malade aime toujours à s'entretenir des
maux qu'il endure ou de ceux qu'il redoute.

La nation française a évidemment parcouru
son cercle de civilisation, car elle subsiste comme

nation depuis quatorze siècles; et tout dans la nature a une période, où, lorsqu'on est enfin arrivé, on doit s'éclipser pour ne jamais reparaître. Ce qui caractérise principalement que la France a atteint cette période, c'est l'affreuse corruption dans laquelle elle est plongée, corruption qui a pour cause le degré de perfectionnement qu'ont acquis les arts mécaniques, dont cette même perfection n'est due qu'à l'oubli; que dis-je! à l'entier avilissement dans lequel sont tombées les sciences morales. Alors, les hommes, n'ayant aucun frein, n'ont écouté que la fougue des passions; et pour couvrir leurs crimes de quelques prétextes, ils ont créé de faux principes de philosophie. Le catholicisme, ce vieux colosse qui gouverne le monde depuis dix-huit siècles, perd tous les jours de sa force par l'intolérance et la cupidité de ses ministres : le décorum, ce signe trop certain de la faiblesse de nos mœurs, mais qui du moins faisait garder encore quelque bienséance dans la société, a totalement disparu. La génération actuelle, et peut-être celle à venir, sur lesquelles la patrie avait le droit de fonder toutes ses espérances, sont perdues sous le rapport d'instruction solide, par l'effet des malheureuses circonstances dans lesquelles elles se sont trouvées.

Les différentes raisons que je viens de donner suffisent sans doute pour faire sentir que le corps politique est dans une décadence totale. On ne doit plus le considérer que comme un antique monument dont les fondemens ébranlés ne peuvent soutenir long-temps les restes majestueux.

Ainsi le territoire français, par une suite de cet ordre de choses que je viens de développer, est destiné à devenir l'apanage de la grande puissance septentrionale. Cette invasion à venir n'a rien d'ailleurs qui doive nous surprendre, car ne savons-nous pas que les Romains (ces conquérans des Gaules) en furent chassés à leur tour par les barbares venus du nord de la Germanie, après y avoir exercé pendant cinq cents ans l'empire de leur domination.

Français éclairés qui voulez bien fixer un moment votre attention sur ces simples réflexions, convenez que mon raisonnement n'est que trop vrai, et combien il fournit de grands sujets de méditation à ceux qui prévoient le sort inévitable, mais éloigné, j'espère, de notre patrie.

CHAPITRE IX.

Suite.

La nature a mis des bornes à tout. Elle en a fixé aux états, relativement à leur étendue et à leur constitution. Les corps politiques ont un maximum duquel ils ne sauraient s'écarter sans le plus grand danger, et dont ils s'éloignent lorsqu'ils s'agrandissent. Un état trop étendu ne saurait être bien gouverné; il en est des nations comme des familles, car si une grande distance les sépare, elles ne peuvent s'entendre sur les articles qui touchent à leurs intérêts. D'ailleurs, une nation dont le territoire est considérable renferme des habitans d'un caractère éminemment opposé, d'après l'influence du climat qui n'est point le même. En un mot, plus la corde de l'arc est longue, plus elle risque à se rompre; il en est ainsi du lien social, qui se relâche à mesure qu'il s'étend.

«Un petit état est proportionnellement plus fort qu'un grand», dit Rousseau. Cette maxime est très juste. En effet, envisageons d'abord cet axiome sous le rapport d'administration. Il est évident que celle d'un grand état devient beaucoup plus pénible à cause des distances. Dans un pareil état, il faut un plus grand nombre d'officiers; et l'administration devient plus onéreuse, puisque les degrés de dépenses se multiplient. L'autorité suprême arrive ensuite, qui achève souvent de tout détruire.

Ces charges considérables pèsent toujours sur le malheureux peuple qui ne peut être heureux, étant gouverné par une multitude de petites autorités qui n'en sont pas moins tyranniques. Mon raisonnement prouve donc qu'il est impossible à un grand peuple d'être gouverné par les principes républicains. Un pareil ordre de choses ne convient qu'à un petit état, comme je le dirai incessamment.

Lorsque les ressorts du gouvernement sont trop étendus, l'état a moins de vigueur, et les moyens nécessaires pour sa prospérité manquent de célérité. Ainsi que je viens de le dire, les mêmes lois ne peuvent régir des citoyens entièrement étrangers par le climat. Les lois sont alors différentes, et font naître de fréquentes querelles dans l'état, lesquelles mettent toujours le corps politique à deux doigts de sa perte.

La France nous en offre un exemple frappant.

Dans l'ancien régime, ses provinces du nord étaient régies par le droit *non écrit* ou *coutumier*, tandis que celles du midi ne connaissaient que le *droit romain* ou *droit écrit*. La raison de cette frappante différence provient de ce que les provinces méridionales, connues jadis sous le nom de Gaule Narbonnaise, ont été les dernières évacuées par leurs maîtres, les Romains, qui ont dû y laisser naturellement des lois faites ou perfectionnées pendant le même espace de temps où celles du nord étaient privées de tout code régulateur, ou du moins tombé en désuétude dans une de ses parties. Les habitudes et usages dans la vie privée que les Romains avaient établis, ont laissé nécessairement dans les générations qui leur ont succédé des souvenirs plus récens. C'est dans cette même raison de l'évacuation plus tardive des provinces méridionales qu'on doit trouver celle qui nous explique l'existence parmi nous (Gascons) de notre patois, qui n'est, au fait, que du latin corrompu. Je crois que les langues italiennes et espagnoles ont la même origine.

Le mode différent qui régissait cette moitié de la France dans ses relations civiles et judiciaires, a dû nécessairement engendrer une bien absurde manière d'établir et fixer les intérêts si chers de famille, dont l'effet nuisible retombait sur l'état et accélérait sa ruine.

Le corps politique a positivement besoin d'avoir une base sur laquelle il puisse se reposer, en cas qu'il eût besoin de résister aux fortes secousses auxquelles sont sujets tous les états. «Tous «les peuples, dit Rousseau, ont une espèce de «force centrifuge par laquelle ils agissent conti- «nuellement les uns contre les autres, et tendent «à s'agrandir aux dépens de leurs voisins.» Cette comparaison est fort juste. Nous en reconnaissons la véracité dans l'histoire de tous les peuples connus.

Il est donc de toute nécessité que les membres de l'état se mettent dans une espèce d'équilibre aussi parfait que possible, pour que, rendant la compression à peu près égale, le corps politique ne périsse, faute d'un contrepoids.

Il y a cependant des circonstances où l'état a besoin d'étendre ses limites, et d'autres où il doit les resserrer. Trouver un juste-milieu, et savoir saisir à propos ces mêmes circonstances, demande les plus grands talens en politique.

Une nation doit compter davantage sur sa propre constitution que sur les avantages, brillans en apparence, des conquêtes; et si les chefs sont obligés quelquefois d'user de ce dernier moyen, ils doivent y apercevoir le germe d'une prochaine décadence.

CHAPITRE X.

Suite.

Le corps politique se mesure de deux manières, par l'étendue du territoire, et par le nombre des habitans. Entre ces deux mesures, il existe un rapport convenable qui donne à l'état celle de sa véritable grandeur. Il y a un autre rapport intime entre le peuple et la terre qui le nourrit. C'est dans cette proportion que se trouve ce maximum de force dont j'ai parlé au chapitre précédent. En effet, s'il y a du terrain plus qu'il ne faut, il sera difficile de le conserver; de là naîtra la guerre défensive. Si au contraire il n'y en a pas assez pour suffire à sa nourriture, il en surviendra nécessairement la guerre offensive. Ne pourrait-on pas mettre l'*Espagne* dans le premier de ces cas, et la *Russie* dans le second ?

Un peuple, qui ne peut vivre que dans l'alter-
native de la guerre ou du commerce, est très faible, parce qu'il dépend de ses voisins et des événemens. Sa situation est des plus précaires, et,
comme l'observe Rousseau, «il ne peut se conser-
«ver libre qu'à force de petitesse ou de grandeur.» Il me semble que l'Angleterre devrait se
reconnaître à ce fidèle tableau. Depuis que Jean-
Jacques a tracé ces lignes prophétiques, l'Angleterre, en effet, marche à grands pas vers sa chute.
Cette nation, éminemment marchande, ne peut
se maintenir dans une véritable prospérité que
par la ruine des états de toute l'Europe. La
France et l'Espagne surtout, par suite de leur
position topographique (qui présente une longue
étendue de côtes maritimes), peuvent, seules,
lui disputer efficacement l'empire des mers.
Aussi, ces peuples sont-ils ennemis acharnés et
irréconciliables, malgré qu'une politique du moment, aussi mal entendue que méticuleuse, semble vouloir opérer un rapprochement entre les
deux cabinets de Londres et de Paris. D'un autre
côté, les idées libérales en nationalité ont fait et
font, tous les jours, d'effrayans progrès en Angleterre. Le peuple anglais veut la réforme, et l'ob-

tiendra par le seul effet de la force des choses. La vieille aristocratie, qui, seule, faisait la force de son gouvernement, est arrivée à son terme de caducité, et, semblable à un vieillard débile que le poids des années attire vers la tombe (malgré les soins éclairés de ceux intéressés à sa conservation), sa vie peut se prolonger par des moyens factices; mais il faudra qu'il succombe, pour obéir à cette loi imprescriptible de la nature, qui veut que tout finisse dans le monde physique comme dans le monde moral. Je fais des vœux bien sincères, comme Français, ami de son pays, que ces mêmes principes rénovateurs que l'Angleterre nous a importés et inoculés, à dessein et avant le temps, servent à nous venger de ceux à qui nous sommes redevables de tous nos malheurs depuis quarante-cinq ans.

La principale chose, pour instituer un peuple, est d'observer qu'il jouisse en ce moment de l'abondance et de la paix : car ce moment ressemble à celui où se forme une armée, qui résistera davantage à un ennemi en désordre, que s'il était attaqué par des masses formant leurs rangs, où chacun cherche à occuper une place utile.

Il y a eu des gouvernemens qui ont été fondés

dans ces temps de crise; mais, en général, c'é-
taient des usurpateurs qui cherchaient à en profiter pour établir leur despotisme : «Le choix du
«moment, observe Rousseau, est un des caractères
«les plus sûrs par lesquels on peut distinguer
«l'œuvre du législateur d'avec celle du tyran.»

Le peuple, propre à une législation positive
quelconque, est celui qui est déjà lié par quelque
union primitive, et qui n'a point encore connu
les lois; celui qui n'est point l'esclave servile des
préjugés ou des coutumes; celui qui ne redoute
point l'invasion de son territoire; celui qui est en
état de résister à l'oppression de ses voisins, sans
être dans la malheureuse nécessité de se déclarer
pour ou contre chacun d'eux; celui où chaque
membre est plus à portée d'être connu de ses
compatriotes; celui, enfin, qui n'est ni trop riche
ni trop pauvre, et qui surtout peut se suffire à
lui-même.

La grande difficulté pour sa législation, chez
un peuple neuf, n'est point d'établir, mais de dé-
détruire les vieilles habitudes; comme ces conditions sont fort rarement réunies, voilà pourquoi
on voit peu de nations bien régulièrement établies. Jean-Jacques croit que l'île de Corse éton-

nera un jour l'Europe : il l'a placé au rang des nations encore dans l'enfance, réunissant les qualités propres à constituer un peuple, qui, un jour, se rendra célèbre. La prédiction de Rousseau s'est en partie accomplie, quand on se rappelle que cette île a donné le jour à un conquérant, qui fut aussi législateur. Elle compte au nombre de ses enfans ce Prométhée de la gloire en qui la nature laissa dominer trois grands caractères, l'excès du génie, l'excès de la fortune, et l'excès du malheur. De vils calomniateurs ont voulu affaiblir cette gloire des siècles à venir ; mais de petits reptiles peuvent-ils détruire des ruines impérissables ? En effet, qui oserait disputer à la mémoire de Napoléon que, de son vivant, il n'a pas refermé le gouffre anarchique, débrouillé le chaos, dessouillé la révolution, ennobli les peuples et raffermi les rois. Il excita tous les genres d'émulation et recula les limites de la gloire. Lui reprochera-t-on son despotisme? Mais la dictature était peut-être nécessaire, quand il prit les rênes du gouvernement. Il rétablit le culte de nos pères, et fit rentrer dans leur patrie des hommes qu'un dévouement honorable, ainsi que les listes de proscription, en avaient arraché.

Beaucoup de ces derniers lui ont été fidèles et reconnaissans; mais tous n'ont pas éprouvé les mêmes sentimens pour leur bienfaiteur : plaignons leur erreur.

Il est tombé, ce colosse d'une nature unique, au milieu d'une civilisation devenue contraire, soit par les malheurs, fruits inévitables de la guerre, soit par la présence toujours humiliante des phalanges ennemies sur cette terre classique de renommées militaires justement célèbres. En un mot, l'homme du destin dont les cendres reposent sur les rochers stériles d'une île presque inconnue de la mer atlantique, sut imprimer un grand caractère à nos mœurs publiques par l'influence de ses lois civiles, et par la majesté de son administration. Il est possible que des idéologues, chagrins et exigeans, blâment ce dernier éloge comme venant de près. Je leur répondrai qu'à la vérité j'ai eu l'honneur d'être, pendant quelques années, administrateur supérieur sous l'empire; que j'ai servi avec zèle, de tous mes faibles moyens, le puissant régulateur dont les rois de l'Europe briguaient un coup-d'œil, en remplissant ses palais, et que j'écris, non sous l'influence des souvenirs d'amour-propre, mais bien sous celle de la plus intime conviction, étant persuadé que le système du gouvernement impérial, un peu mitigé par les institutions qu'auraient permis les douceurs de la paix, est le seul convenable au caractère français, qui se lasse même de ses propres idées. Je ne fais aucun appel, je ne manifeste aucun vœu : j'écris, et je motive.

CHAPITRE XI.

Des divers systèmes de législation.

Le titre de ce chapitre offre une bien vaste arène à parcourir. Beaucoup de recherches ont été faites sur le droit public, qui n'ont été souvent que l'histoire des anciens abus. Une spéculation politique sera toujours vaine, si elle ne conduit point à rendre le gouvernement plus parfait, les hommes plus heureux, l'état plus fort, et surtout à assurer la félicité du peuple.

Dans la grande quantité de mémoires qui ont été présentés pour améliorer la législation et ses divers systèmes, ainsi que pour proposer des établissemens utiles comme conséquence de ces mêmes systèmes, on a pu facilement remarquer que les mémoires excellaient dans leur plan, mais, quant aux remèdes, ils n'en présentaient aucun dans le cas où le corps social vînt à éprouver, par l'effet de l'esprit de parti, une forte subversion.

On ne peut remédier subitement à d'anciens abus; il faut toujours plus de temps pour les dissiper, qu'il n'en a fallu pour les introduire. L'absurde et l'impossibilité de ces expédiens, dans leur application, ont jeté un grand ridicule sur les novateurs politiques, qui ont entrepris ces réformes. Leur bonne foi et leurs bonnes intentions eussent mérité un meilleur sort.

Le changement dans les mœurs, les passions des justiciables et la négligence des officiers de justice, exigent une critique et une surveillance continuelle, ainsi qu'une révision assidue des lois, soit pour les étendre, soit pour les restreindre, selon les besoins des hommes.

Dans ce monde, tout est changement ou révolutions. Les états ont, ainsi que je l'ai déjà observé, leur temps de progrès et de décadence. Le courage des hommes a les siens également. Qui aurait dit, en effet, que ces anciens Romains, ces maîtres de la terre, deviendraient ce que sont, en général aujourd'hui, les efféminés Italiens? Qui peut prédire où va la Russie. Si, dans un siècle, il faut réprimer la fureur des combats, dans un autre, il faut réveiller l'honneur, qui s'endort souvent au sein de la mollesse et des plaisirs.

Un gouvernement est plus difficile à réformer qu'à établir : car il faut aller aux sources et aux principes de la composition. Comme l'a dit un auteur justement célèbre, *il faut connaître le droit de convenance, qui est la voix de la raison et la source du bonheur public; il faut savoir le préférer aux droits des titres, et même à celui de la possession : dans un si grand édifice, personne n'ose poser la première pierre.*

Voilà, cependant, le véritable but de la science politique, c'est-à-dire, perfectionner le dedans d'un état de tous les degrés de perfection dont il est susceptible.

Revenant à la théorie des diverses législations établies ou à établir, j'observerai que les deux grands principes, qui caractérisent la législation en général, sont la *liberté* et l'*égalité*. Voilà les deux énormes pivots sur lesquels reposent les droits les plus chers aux peuples et desquels ils sont le plus jaloux. Je dis la liberté, parce que toute dépendance individuelle est une partie ôtée à la force générale ; et l'égalité, parce que, sans elle, la liberté ne peut exister.

J'entends, par égalité, l'égalité de *droit ;* car, celle de *fait* serait impossible, puisque les degrés de puissance et de richesses ne peuvent être les mêmes. Il serait à désirer qu'on pût réunir les extrêmes, c'est-à-dire, que, dans un état, il n'y eût point une si énorme distance entre l'opulent et le misérable. «Ces deux classes d'individus, «ajoute Rousseau, sont également funestes au «bien de l'état; car l'un achète, et l'autre vend la «liberté publique.» J'ai dit, dans mon introduction, que le philosophe de Genève était l'homme aux illusions; c'est le moment de le rappeler, car, pour niveler les fortunes, ou, du moins, leur assigner des limites, il faudrait, avant tout, en tracer aussi à l'activité, au génie commercial, ainsi qu'aux intelligences qui ne peuvent être les mêmes. Je pense que cette opinion de Jean-Jacques doit être rangée parmi ses nombreux paradoxes.

Tous les hommes sont inégaux en facultés et en moyens : c'est une vérité de fait et de première évidence. Tout système donc qui aurait pour but d'établir l'égalité de *fait*, serait une absurdité qui ne mériterait pas même d'être refutée.

Mais tous les hommes, quelles que soit ces différences de fait, ont tous un droit égal à jouir de leurs facultés et de leurs moyens : c'est ce qu'on appelle pour chacun l'égalité de *droit*.

Autant nous le répétons, l'absurde prétention d'établir *l'égalité de fait* serait propre à briser tous les liens qui unissent les hommes, et à bouleverser entièrement l'ordre social, autant l'*égalité de droit* bien entendue a pour effet de maintenir et de faire prospérer l'état social, en assurant à chacun le droit de jouir de tous les avantages qu'il tient de la nature.

C'est cette égalité de *droit* qui rétablit entre les hommes l'équilibre que tend sans cesse à détruire l'égalité de *fait*, en réprimant l'abus que tel pourrait faire des moyens qu'il aurait dans une mesure supérieure aux moyens de tel autre. C'est elle, enfin, qui dirige avec la plus grande justesse, et conséquemment la plus parfaite justice, chacun des co-associés vers son bonheur particulier, qui se trouve ainsi d'accord avec le bonheur de tous.

Les droits et les devoirs étant dans une continuelle correspondance, on voit alors comment de l'irrégularité des moyens doivent naître, quant à leur objet, des droits et des devoirs différens, sans blesser cette égalité essentiellement commune à tous; comment, dis-je, de l'inégalité des moyens résulte l'inégalité des fonctions, et ainsi la subordination nécessaire au maintien des rapports de tous dans l'état de société; c'est-à-dire, comment, dans telles ou telles circonstances, peuvent se concilier, pour l'un, le droit de commander, et, pour l'autre, le devoir d'obéir. Ce droit et ce devoir ne sont évidemment, dans leur exercice, que les effets de la diversité des facultés et des talens, effets qu'en considération de son propre avantage, toujours lié à l'intérêt général, doit reconnaître comme justes celui qui obéit.

Il résulte de ces principes que la subordination dans l'état de société, suite nécessaire de l'inégalité de fait ou de moyens, loin d'être un attentat contre l'*égalité de droit*, en est, au contraire, la sauvegarde la plus sûre.

Je viens de donner quelque développement au grand principe de l'*égalité*; je passe maintenant à l'autre grand principe, celui de la *liberté*, qui mérite aussi une sérieuse attention, soit dans les

différentes interprétations auxquelles il a donné
lieu , soit aux funestes conséquences de ses fausses applications.

Jamais aucun mot n'a autant frappé les esprits, et reçu plus de significations que celui de
liberté. Tantôt on l'a considéré comme donnant
la facilité de déposer celui à qui l'on avait confié
la puissance suprême ; tantôt pour élire celui à
qui on jurait d'obéir, mais surtout pour le droit
de marcher armé, et de pouvoir gratuitement
troubler l'ordre public par des violences.

Tous les peuples ont attaché ce nom aux gouvernemens qu'ils ont tour à tour adoptés.
Ceux qui avaient été républicains, ont mis la liberté dans la république ; ceux qui ont joui du
gouvernement monarchique en ont fait autant.
Enfin chacun a appelé liberté le gouvernement
qui se trouvait le plus conforme à ses goûts, à
ses inclinations ou à ses intérêts. C'est principalement dans les démocraties qu'on a placé la
liberté, parce que c'est dans cette forme de gouvernement que le peuple paraît exercer ses droits
avec une plus ample sécurité. Voilà la source de
tant d'erreurs funestes, car on a souvent confondu la liberté du peuple avec son pouvoir.

La vraie liberté consiste dans le droit de ne faire que ce que les lois permettent. La liberté, c'est l'indépendance enfin. Si un membre de l'association avait le droit de faire ce que les lois défendent, alors il n'y aurait plus de liberté, parce que tous auraient le même pouvoir. On voit où un pareil abus conduirait le corps social. La révolution française, semblable au reste à toutes ces fièvres des peuples en délire, nous a prouvé que, dans les temps calamiteux de la prétendue république, on avait toujours pris la licence effrénée pour la vraie liberté.

Il est très vrai de dire que, sous les gouvernemens démocratiques, le peuple paraît faire ce qu'il veut; mais ce n'est point là, je le répète, la liberté, puisque la liberté n'est autre chose que de ne pouvoir faire que ce qu'on doit vouloir.

Il existe pour les citoyens deux sortes de libertés, la liberté philosophique, et la liberté politique. La première consiste dans l'opinion où l'on est qu'on exerce sa volonté : elle est purement morale. La seconde consiste dans la *sûreté* ou du moins dans l'opinion où l'on est qu'on est en sûreté, et la liberté garantie de toute atteinte. C'est dans les accusations privées ou publiques que la sûreté est principalement attaquée. Il s'ensuit naturellement que c'est de la bonne ou mauvaise confection des lois criminelles que dépend principalement la liberté des citoyens. Si leur innocence n'est pas assurée, il est positif que leur liberté ne l'est pas davantage.

La liberté, vue comme faculté indéfinie, est la faculté d'agir ou de ne pas agir dans tel ou tel sens.

Vue comme faculté d'un être intelligent et sensible, elle est, pour cet être, la faculté de rechercher ce qui peut lui être utile, ou de fuir ce qui peut lui être nuisible. Vue comme faculté d'un être intelligent, sensible et social, elle est pour l'homme, dans ses rapports avec les autres hommes, le droit de faire tout ce qu'il croit être convenable pour lui, sans nuire à autrui, ou, ce qui est la même chose, sans blesser dans les autres un droit semblable.

La vraie liberté, sous quelque aspect qu'on la considère, doit donc être circonscrite, pour tout individu raisonnable, dans les bornes posées par la connaissance et le sentiment de son véritable intérêt; hors de ces limites, elle n'est plus que licence et folie.

L'homme enfin , seul digne du nom d'homme libre, est celui qui travaille le plus à s'éclairer sur les moyens d'user convenablement de cette faculté, pour son bonheur et celui d'autrui, dont le sien est toujours essentiellement inséparable.

Telles sont les seules idées que l'on doit se faire de la liberté individuelle et de la liberté sociale , ou de l'usage que l'individu doit faire de cette faculté, relativement à lui, et relativement aux autres. Toute idée de servitude volontaire ou involontaire (à moins que celle-ci ne soit regardée comme un châtiment mérité et ordonné par les lois), implique contradiction avec toute idée juste de la vraie nature de l'homme. Sa liberté est inséparable de son existence. Le contrat par lequel l'homme engagerait à jamais l'usage absolu de cette faculté ne serait donc qu'un attentat contre sa vie même, et un acte de folie qui ne produirait aucun engagement légitime. L'acte par lequel (l'espèce du châtiment légal excepté) un autre homme, sous quelque prétexte que ce fût, le soumettrait aux dispositions arbitraires de sa volonté, ne serait donc non plus qu'un acte de violence qu'aucun droit ne saurait justifier.

Ainsi, quant à ce prétendu droit de servitude que l'on a imaginé comme suite de cet autre droit également faux qu'a, dit-on, le vainqueur de tuer le vaincu, il est facile de faire remarquer que la force seule ne peut jamais donner lieu à aucun droit, ni, par suite, à aucun devoir. On cède à la force; c'est un acte de nécessité, comme l'a très bien observé Rousseau. C'est, tout au plus, un acte de prudence qui, dans aucun sens, ne peut être un devoir; conséquemment, ce prétendu droit du plus fort, quoiqu'il existe dans le fait, n'est et ne peut jamais être un véritable droit pour attenter à la liberté d'autrui.

Revenant aux autres principes moins rationnels des divers systèmes de législation, cette dernière doit porter principalement ses vues à mettre l'équilibre dans l'égalité parmi les citoyens, car les choses tendent continuellement à la rompre.

Les principes généraux de législation doivent être modifiés suivant le climat, le sol et le caractère du peuple auquel on les destine. C'est d'après ces grandes données qu'il faut établir ses institutions. Si le terroir est ingrat, par exemple, portez le zèle et l'attention du côté de l'industrie, et encouragez les habitans à s'y livrer. D'ailleurs, ils en sentiront d'eux-mêmes toute la nécessité. Si le sol est fertile, donnez tous vos soins à l'agriculture; elle seule est la véritable source des richesses, elle seule multiplie la population. Ne souffrez pas alors qu'aucun art etranger pénètre, car il introduira dans l'état un système dévastateur, et le dépeuplera en portant vers un seul point tous les oisifs qui sont autant de bras arrachés à l'agriculture. C'est pour cette raison que je redoute la ville de Paris. Il me semble que son étendue qui, loin de diminuer, augmente dans une progression vraiment effrayante pour le reste de la France, ne peut avoir lieu qu'aux dépens de l'agriculture; car chaque maison qu'on y bâtit est construite des débris de plusieurs chaumières.

Ici se présente l'occasion de faire connaître à mes lecteurs non-seulement combien cet agrandissement de la capitale est funeste pour le reste de la France; mais aussi comment cette cité envahit à elle seule toute l'aisance du royaume. Cette centralisation de toutes les industries, en augmentant des besoins purement factices en tout genre, bouleverse les existences, fait qu'on ne sait plus vivre qu'à Paris et qu'on abandonne le foyer paternel, berceau de nos véritables et salutaires inspirations. Le luxe effréné, et nullement en rapport avec beaucoup de fortunes qui vont s'y engloutir, efféminant les mœurs, cause le désespoir des familles, qu'un goût peu réfléchi pour des jouissances passagères attire dans le gouffre d'une attrayante perdition. Je fais des vœux pour que le souverain n'y fasse désormais qu'un séjour momentané, et ce serait d'une politique consolatrice et conservatrice en même temps, qu'il eût la volonté d'habiter alternativement, pendant l'absence des chambres, quelques grandes villes de son royaume d'une désignation fixe, à fin de ne pas porter sur une seule tous les profits de consommation et autres dépenses impossibles à décrire, que nécessite un grand entourage. Cette centralisation n'en est pas moins alarmante sous les rapports politique et administratif, car nos provinces ne se ressentent nullement d'aucun des reflets vivificateurs de ces grandes améliorations administratives, ni par conséquent de leurs applications aux localités intérieures.

Rousseau dit aux nations agricoles : «Occupez-

« vous des rivages étendus et commodes, couvrez
« la mer de vos vaisseaux, cultivez le commerce et
« la navigation, vous aurez un existence brillante
« et *courte*. » J'ajoute que les branches de commerce extérieur ne répandent souvent qu'une
fausse utilité, qu'elles n'enrichissent que quelques particuliers, mais que la nation n'y gagne
rien ; elle y trouve au contraire des sources con-
tinuelles de guerre.

Je partage parfaitement cette opinion de Jean-
Jacques, si toutefois il l'a énoncée avec franchise
et sans réticence ; car pourquoi ajouter que l'existence sera *courte*. Je ne saurais me rendre raison
de ce dernier avis.

Une nation agricole doit faire une échange du
superflu de ses productions ; mais aller dans un
nouveau monde faire un commerce d'objets purement accessoires , c'est introduire le luxe et la
corruption dans l'état, et hâter l'époque de sa
décadence.

Je vais entrer dans quelques détails pour prouver que c'est à l'abandon de l'agriculture pour l'industrie que la France doit en partie attribuer sa
révolution , et tous les maux qu'elle a entraînés.

La France, pour assurer sa prospérité, aurait

dû suivre l'excellent système de l'immortel *Sully*, qui, le premier, jeta les vrais fondemens de l'économie politique. Cet homme d'état, dont on devrait méditer sans cesse les grandes idées de gouvernement, n'avait pour principal but que de faire fleurir l'agriculture, en donnant à l'honorable profession d'agriculteur le plus de crédit et de considération possible, bien convaincu que la terre est la première source des richesses. En envisageant ce plan d'administration sous les rapports politiques, Sully voyait dans la France une nation principalement agricole, pouvant subsister des produits de son propre fonds. Il ne considérait le commerce que comme partie accessoire, seulement pour fournir des débauchés servant à échanger le superflu des denrées territoriales. Mais après la mort de ce grand ministre, et sous le régne de Louis XIII, le système commercial entra en balance avec le système agricole. Il parut plus commode et agréable à la nation d'aller au-delà des mers chercher des objets de consommation, souvent superflus, que de prendre dans la culture de son territoire des moyens puissans et vrais de solide prospérité. Je prie le lecteur de me pardonner une digression dans laquelle j'ai cru utile d'entrer pour rechercher la source de ce luxe introduit en France par le commerce au détriment de l'agriculture. C'est au ministère de M. *Colbert* qu'il faut remonter ; c'est depuis cette époque qu'on peut dire que l'histoire de la monarchie en France dépend de l'histoire des ministres des finances : la cause de ces surprenantes attributions n'est pas louable. On pourra dire que Louis XIV n'a songé qu'a avoir de l'argent, puisqu'il n'a vu le bonheur de ses sujets que par les yeux de son grand trésorier, et ce reproche n'est malheureusement que trop fondé. M. de Colbert se trouva assez grand pour songer à la fois au deux objets de son ministère; ses successeurs n'ont pas donné la même étendue à leur sollicitudes.

Ses soins se trouvaient partagés entre la prodigalité et l'économie. Il fallait beaucoup recouvrer pour beaucoup dépenser, et prévoir encore l'extraordinaire des dépenses à tenir, et améliorer le théâtre de tant de scènes opposées. Il fournit à tout cela, ce qui doit le ranger véritablement au nombre des hommes extraordinaires.

Par les travaux de Colbert, on établit et on perfectionna en France les arts, qui étaient auparavant inconnus; il découvrit aux Français leurs grands talents pour les beaux arts, ainsi que pour tout ce qui était du ressort du goût et des grâces. Nous y surpassâmes bientôt les autres nations ; cette supériorité nous en est restée, ce qui prouve bien qu'elle nous était acquise par la nature.

Par les richesses apportées du dehors, l'état de la cour et la gloire du règne répandirent dans le royaume un encouragement qui approche des bienfaits de la liberté, quoiqu'il ne soit pas aussi profitable.

Colbert avec d'excellentes intentions n'hérita point de Sully, et prit une route aussi fausse que nuisible. Il eut toujours en vue le perfectionnement du commerce, et négligea entièrement l'agriculture, ainsi que je l'ai dit précédemment. Ce fut le désir de plaire à son maître qui l'engagea à se conduire ainsi. Colbert, par sa brillante administration, fit regorger, pour le moment, la France d'or et d'argent ; on peut dire qu'il la plaça dans cette position d'une salle de spectacle superbement éclairée ; mais les bougies une fois éteintes, tout le prestige disparut. Louis XIV consomma les richesses de l'état (que son ministre lui avait persuadé être inépuisables) par son amour excessif des conquêtes , et ce monarque ne fit point attention que ce faste d'une fausse gloire ne le menait à rien, puisque après chaque traité de paix qu'il signait , il restituait une grande gartie des territoires qu'il ne devait qu'à l'épuisement de son peuple et de ses finances.

Ce fut, je le répète , à cette fausse combinaison d'étendre le commerce, qu'on doit attribuer le désir ruineux de traverse l'Océan pour se procurer des richesses évidemment plus nuisibles qu'utiles (puisqu'elles faisaient naître de nouveaux besoins), tandis qu'on en possédait chez soi de réelles. C'est de là qu'est venue la funeste rivalité qu'on a vu s'élever entre les puissances maritimes de l'Europe. Ces guerres, qui auparavant n'était que celles des marchands, sont devenues des guerres nationales ; car la cause première du bouleversement général de l'Europe vient de ce que en France et en Espagne l'agriculture y a été totalement abandonnée. Ces deux nations ont voulu des colonies, et ne se sont occupées que de cela ; aussi en est-il résulté que l'Espa-

gne est une nation stationnaire, c'est-à-dire sans
génie, sans force, ni industrie utile; nageant
dans l'or, quoique en butte à la plus affreuse
misère.

Le règne de Louis XIV a hâté la révolution
française, qui a pour une des premières causes
le dépérissement des finances, qui provient évidemment de l'abandon de l'agriculture, et réciproquement de la trop grande confiance qu'on a
eu dans le commerce, qui, chez une nation agricole, ne peut jamais remplacer les richesses du
sol.

Je prédis à la France que si elle ne se presse
de regarder l'agriculture comme son principal
moyen de prospérité, elle marchera de plus en
plus vers sa ruine. C'est le seul remède à apporter à la plaie de l'état, qui déjà n'est que trop
grande. Si les derniers rois de France s'étaient
pénétrés de cette grande vérité, nous n'aurions
point essuyé tous les malheurs qu'a engendré
l'entière dissolution de l'ancien ordre de choses.
La raison humaine, qui ne rétrograde jamais, aurait fait éclore sans doute cette rénovation sociale dont nous sommes les témoins, mais elle
aurait suivi une marche simple et unie, à l'abri

de ces épouvantables secousses qui ébranlent les sociétés. Le corps politique se serait trouvé hors de ces tourmentes révolutionnaires qui le mettent chaque fois à deux doigts de sa perte, et sous lesquelles il succombera infailliblement, s'il n'adopte une marche sûre dans ses principes.

Rentrant dans le sujet de ce chapitre, j'ajoute que chaque peuple porte avec lui des causes particulières pour les différentes institutions qui lui sont nécessaires, et rend ces principes de législation propres à lui seul.

Ce qui constitue le véritable état durable et stable d'un peuple, c'est lorsque les grands et intimes rapports qui existent entre la nature et les lois sont parfaitement observés. Le législateur ne doit jamais perdre de vue que les lois civiles sont l'organe perfectionné des lois naturelles ; s'il s'écarte de ce principe invariable dans ses applications, il altérera la constitution, les lois s'affaibliront d'elles-mêmes, et le corps politique tombera en ruines. C'est en effet dans cet état de société civile, qu'une nation doit trouver la garantie de tous ses droits, la règle positive de tous ses devoirs, ainsi que tous les moyens de parvenir au plus haut degré de perfectibilité. Voilà donc une route hors de laquelle un corps social ne trouve que malheurs et dissolution complète. C'est pourquoi Rousseau a dit avec une haute raison «qu'un état ne cesse d'être «agité jusqu'à ce qu'il soit détruit ou changé, et «que l'invincible nature ait repris son empire.» Avis à la France : cette sentence du grand philosophe de Genève pourrait bien lui être appliquée plutôt qu'elle ne le pense, à moins que, changeant de système, elle devienne moins délibérante, ce qui est synonyme de délirante. J'appelle de tous mes vœux ce moment si désiré, où nos institutions cessent d'avoir ce caractère pénible d'oscillation et d'incertitude, et que nous entrions enfin dans une voie ferme et constante, seul moyen de salut.

CHAPITRE XII.

Division des lois.

Il y a différentes relations à considérer pour donner à la chose publique la meilleure forme possible. Il existe des termes intermédiaires entre les rapports subsistans dans l'action du corps entier, agissant sur lui-même.

Les lois qui règlent ces grands rapports sont évidemment les lois fondamentales du corps politique, et s'appellent *lois politiques*.

Les lois civiles naissent du rapport qui existe entre les individus et l'état. Ces derniers rapports ne sauraient être assez étendus, car s'il faut que chaque citoyen soit dans une grande indépendance des autres, il est de toute nécessité qu'il soit dans une entière dépendance de la cité.

Les lois criminelles naissent de la relation subsistant entre le citoyen et la loi, c'est-à-dire celle de la désobéissance à la punition. On peut donc assurer que les lois criminelles sont la sanction de toutes les autres.

Il en existe une quatrième qui n'est pas la moindre, et qui prend sa source dans le cœur de l'homme, je veux dire *l'opinion*, si justement appelée la reine du monde. Ce levier puissant qui fait la véritable force d'un état; qui, tous les jours, surtout en France, acquiert de nouvelles propriétés, et enfin, comme le dit Rousseau, «substitue insensiblement la force de l'habitude «à celle de l'autorité.»

C'est d'elle que dépendent toutes les autres;

elle est la clef de la voute, dont les réglemens particuliers sont le ceintre.

Les lois politiques sont les seules qui donnent la forme au gouvernement. C'est d'elles uniquement dont s'occupe le contrat social.

OBSERVATION.

Avant de m'étendre sur les diverses formes dont les gouvernemens sont susceptibles, je vais fixer le sens de ce mot gouvernement, auquel, comme l'observe Jean-Jacques, on n'a point encore donné de véritable signification.

LIVRE III.

OU IL EST TRAITÉ DES LOIS POLITIQUES, C'EST A DIRE DE
LA FORME DU GOUVERNEMENT.

CHAPITRE PREMIER.

Du gouvernement en général.

On entend par gouvernement, tantôt la constitution même d'un état : c'est dans ce sens que
l'on dit le gouvernement *de Rome, d'Athènes,*
etc ; tantôt seulement la puissance à laquelle
est remise le soin de régir, d'exécuter les lois,
quelquefois enfin une partie des fonctions de
cette puissance. C'est dans ce dernier sens que
l'on appelle communément acte même du gouvernement, un acte particulier d'administration ; ce qui cependant doit être distingué.

Nous attendons ici par gouvernement cette
autorité à laquelle la nation confie, et avec tous
les moyens propres à cette fin, le soin de faire
exécuter sa volonté ou *la loi* dans tout ce qui
peut intéresser, soit chez elle, soit au dehors,
sa conservation, sa puissance, sa prospérité, et

sa gloire, le maintien de tous les droits particuliers de chacun des membres de la société.

Déclarer le but de l'institution de cette autorité ou de ce pouvoir, c'est énoncer en même temps ses droits et ses devoirs. Ses fonctions, conformément à l'ordre même des choses, se divisent en fonctions intérieures et extérieures.

L'action du gouvernement, dans l'exercice de ces fonctions, doit toujours tendre à protéger et à garantir, selon le vœu de la loi, l'exercice libre de toutes ses facultés et de tous ses moyens pour chacun des co-associés, et en défendre leurs relations contre toute espèce de trouble. C'est ainsi qu'il assurera pour la société entière tous les avantages qu'elle pourra tirer de la fécondité de son territoire, de l'étendue de son commerce, des développemens de son industrie, enfin de tous ses moyens d'accroissemens et de prospérité. Le gouvernement assez éclairé pour connaître toute l'étendue de ce premier devoir, et assez bien intentionné pour le remplir avec fidélité, sentira que, loin de pouvoir se permettre contre cette liberté des commandemens ou des défenses arbitraires, il doit éviter, et même avec les meilleures vues possibles, de s'immiscer en rien de ce qui tendrait par l'influence quelconque de son autorité à lui porter la plus faible atteinte. Ce qu'il peut joindre à son action particulière, selon telle ou telle circonstance, à son action générale, doit se borner à répandre des lumières et des encouragemens.

Essayons de faire quelques applications de ces principes à l'agriculture.

L'agriculture, cette science féconde de tous les biens premiers, de toutes les jouissances, de tous les moyens de grandeur et de puissance des nations, ne demande essentiellement à l'autorité protectrice que le respect le plus absolu pour la propriété et la liberté. Ce n'est ni par des systèmes, ni par des fêtes en son honneur qu'on étendra ses progrès; mais par la certitude donnée à chacun de jouir des produits de ses travaux. Le gouvernement et avant lui la loi n'ont rien ici à faire que d'éclairer et de protéger.

C'est, par exemple, une absurde et bien funeste erreur pour leurs nations, que celle des gouvernemens qui se croient en droit de prescrire à des propriétaires l'espèce et le mode de culture qu'ils imaginent convenir à leurs champs.

L'agriculteur sourit à la fois de pitié et frémit d'indignation à l'aspect de tels réglemens, aussi contraires à la raison, qu'au respect dû à ses droits. Ce n'est qu'à regret, sans doute, qu'il cède, et qu'il sillonne une terre qu'il sait bien n'être par si obéissante, et qui, en dépit des fantaisies et de tous les systèmes possibles, ne donnera jamais que ce qu'elle voudra donner.

Mais parmi ces nombreuses causes de découragement et de destruction de l'agriculture, que l'on ne peut guère imputer chez plusieurs nations qu'à l'ineptie, à l'injustice, aux sottes prétentions et à la cupidité de leurs gouvernemens, nous remarquerons surtout les impositions arbitraires, les plus terribles fléaux que la terre ait à redouter; car ceux dont elle est frappée par la nature ne sont que passagers, et ne détruisent en général que les fruits du moment, tandis que ceux-ci vont dans le sein même de la terre, y dévorer les avances, y tarir les sources de la vie et de la reproduction, et la frapper à jamais de stérilité.

Qu'on me pardonne en faveur de mes bonnes intentions d'être revenu sur ce sujet. Je suis tellement convaincu que notre richesse nationale n'a pour hypothèque que le sol, que je crois tenir

le langage d'un bon Français, et d'un vrai citoyen en un mot, lorsque je me ferai le zélé défenseur du système agricole, comme préférable et le
seul positif dans l'intérêt de la société. Ce n'est
pas que je repousse le commerce, bien s'en faut,
car il serait absurde de négliger et de ne pas
même encourager ce lien puissant des rapports
des peuples et des particuliers; mais, je le répète,
on ne peut raisonnablement le considérer en
France que comme l'accessoire indispensable de
la réciprocité des échanges qu'appellent sans
cesse de mutuels besoins. Il n'est malheureusement que trop vrai que les mœurs, et les goûts
par conséquent, de la nouvelle France, s'éloignent journellement de ce principe conservateur. Un prestige trompeur, de fausses illusions
voilent la vérité à la génération présente, et la
misère seule pourra lui faire ouvrir les yeux;
mais il sera trop tard. L'habitude, dit-on avec
raison, est une seconde nature. Il lui deviendra
impossible de renoncer à ces fausses jouissances
dont l'empire est toujours en raison inverse du
véritable bonheur.

Après m'être livré à ces digressions que j'ai
cru utiles dans l'intérêt de la vérité, je vais re-

prendre le sujet que je traite dans ce chapitre.

Une action libre a évidemment deux causes qui la produisent ; l'une est morale, l'autre physique. La première se compose de la volonté qui détermine l'acte ; la seconde, de la puissance qui l'exécute. Les mêmes mobiles caractérisent le corps politique, car il a sa *volonté* et sa *force*. Sa volonté s'appelle puissance législative, sa force s'appelle puissance exécutive ; tout se forme par leurs concours.

Nous nous sommes bien convaincus que la puissance législative n'appartenait qu'au souverain, c'est-à-dire, au peuple pris dans le sens primitif et démocratique. Il n'en est pas ainsi de la puissance exécutive, puisqu'elle n'a pour but ou motif d'institution que des actes particuliers, et qui, par conséquent, ne peuvent être du ressort de la souveraineté, celle-ci n'émettant que les actes fondamentaux de l'état qui ne peuvent être que des lois.

On a souvent et mal à propos confondu le *gouvernement* avec le *souverain*. Le premier n'est que l'agent intermédiaire entre la force publique dirigée selon la volonté générale, et servant de communication entre l'état et le souverain. Le gouvernement, à proprement parler, est donc la puissance chargée de l'exécution des lois, et du maintien de la liberté publique.

Les membres du corps exécutif se nomment magistrats ou rois, c'est-à-dire gouverneurs. A Venise, le corps entier se nommait le prince. Il est évident que l'acte par lequel un peuple se soumet d'obéir aux décrets de ce corps, n'est point un contrat; ce n'est qu'une commission, un simple emploi. Ils ne sont que les officiers du souverain, et peuvent être destitués à sa volonté.

Les forces intermédiaires se trouvent dans le gouvernement dont les rapports composent celui du tout au tout, c'est-à-dire du souverain à l'état. Le gouvernement peut être justement comparé à la moyenne proportionnelle d'une proportion continue dont les rapports que je viens de citer sont les extrèmes. C'est du souverain seul qu'il reçoit les ordres. Pour qu'il règne un parfait équilibre dans l'état, il faut qu'il y ait égalité entre la puissance du gouvernement et la puissance des citoyens, qui sont souverains d'un côté, et sujets de l'autre.

On ne peut altérer un des trois termes de la proportion sans la dissoudre à l'instant. Si le souverain veut gouverner, si le gouvernement veut faire des lois, ou si les sujets ne veulent pas obéir, on voit clairement que l'état tombe dans l'anarchie. Tous les gouvernemens quelconques périront par cette même raison ; ainsi, il n'y a donc qu'un bon gouvernement possible dans un état.

Je vais donner un exemple qui prouvera d'une manière sensible les rapports qui règnent entre le souverain et l'état.

Je suppose l'état composé de vingt mille citoyens; chaque individu est un des membres : donc le souverain est au membre comme vingt mille sont à un. Chaque particulier a pour sa part la vingt millième partie de la souveraineté. Si l'état était composé de soixante mille individus, le souverain conservant son unité, le membre n'aurait par conséquent que la soixante millième partie de la souveraineté. Les rapports du souverain augmentant à raison du nombre des citoyens, il est positif que plus l'état est considérable, plus la liberté diminue.

Plus le peuple est fort en nombre, plus le gouvernement doit avoir une force matérielle à sa disposition pour maintenir l'ordre public, puis-

que les volontés particulières se rapportent moins
à la volonté générale.

Le gouvernement est en petit ce que le corps
politique est en grand ; c'est aussi une personne
morale, malgré qu'elle soit composée de plusieurs personnes. Il suit de ce principe établi par
Jean-Jacques que le roi n'est qu'un magistrat
revêtu du pouvoir exécutif : il ne peut être autre
chose ; car, cessant d'être magistrat, il devient
despote.

Je prie le lecteur de vouloir se rappeler que
Rousseau écrivit sous des inspirations démocratiques, et comme l'esclave fidèle de toutes les
illusions possibles. Il peut avoir raison dans le
fond ; mais comment pouvoir mettre en France
un pareil roman en action. Il ne faut pas s'étonner si la lecture de pareils écrits a exalté les ima-
ginations de la jeunesse studieuse, fait tant de
prosélytes au fanatisme républicain, et préparé,
par leur publicité, les subversions sociales dont
nous avons vu et ressenti les terribles effets. Jean-
Jacques fut de bonne foi (c'est une justice à lui
rendre); la conviction qu'il apporta dans la conscience des légistes surtout fut d'autant plus forte,
qu'il flattait les amours-propres en général en re-

levant la dignité du citoyen. Pour qu'un précepte soit bon, il me semble qu'avant tout il devrait être sage, et possible dans son exécution. Je viens d'exposer; résoudra qui voudra le problème...!

Il y a encore une bien grande différence entre le souverain et le gouvernement. Le premier subsiste par lui-même, et le second reçoit son existence du souverain. La volonté du corps exécutif ne peut donc être que celle du souverain, c'est-à-dire, de son organe, qui est la loi. Si le gouvernement voulait prendre une force plus considérable, les grands et invariables principes du pacte social seraient relâchés et l'état tomberait dans le despotisme.

Le gouvernement a néanmoins besoin d'une existence particulière, d'un *moi* particulier, qui le distingue du corps politique, et une volonté propre qui ne puisse agir que pour l'exécution de la volonté générale, qui doit être le premier but de toutes ses actions.

CHAPITRE II.

Du principe qui constitue les diverses formes de gouvernement.

Sans connaître la cause générale de ces diverses

formes, il faut distinguer le prince ou magistrat unique, avec le gouvernement. Je viens de dire que le corps exécutif pouvait être composé d'un ou de plusieurs membres. J'ai prouvé en même temps que le rapport du souverain au sujet augmentait en raison du petit nombre d'individus. On peut dire la même chose du gouvernement.

La force totale du gouvernement ne peut varier, puisqu'elle est celle de l'état, et plus il use de cette même force sur ces propres membres, plus celle de leur individu diminue. Il est donc évident que le gouvernement le plus faible est celui dont le nombre de magistrats est le plus considérable.

On peut distinguer trois espèces de volontés dans le corps exécutif. La première est celle de l'individu qui ne tend qu'à son avantage; la seconde, celle qui est commune à tous les membres, et qui se rapporte entièrement à l'avantage du corps; la troisième, la volonté souveraine ou du peuple, qui est générale par rapport à l'état, considéré à l'égard du gouvernement comme partie du tout. Dans un bon gouvernement, la volonté particulière n'est rien, la volonté générale est tout. Selon l'ordre naturel, c'est le contraire;

car lesvolontés particulières acquièrent plus de force, à mesure qu'elles se concentrent. Si le gouvernement est entre les mains d'un seul homme, la volonté particulière et celle du corps (comme gouvernement) se trouvent réunies. Or, comme la force s'accroît à raison du degré de volonté, il est évident que le gouvernement d'un seul est le plus actif. Il est aussi celui qui convient le mieux à un grand peuple dont les rapports du souverain aux particuliers sont presque nuls par la grande subdivision qu'ils éprouvent.

D'ailleurs, j'ai prouvé ci-dessus que plus le peuple était nombreux, plus il fallait augmenter la force réprimande, ce qui établit que le rapport du magistrat au gouvernement doit être en raison inverse du rapport des sujets au gouvernement, c'est-à-dire, que plus le peuple est considérable, plus la force du gouvernement doit être concentrée.

CHAPITRE III.

Division des gouvernemens.

J'ai fait voir dans le chapitre précédent pourquoi on distingue les diverses formes de gouvernement par leur nombre. Je vais démontrer comment se nomment ces différentes espèces de divisions.

Le souverain peut donner l'exercice momentané au peuple en général ou à la plus grande partie, en sorte qu'il se trouve membre du souverain et du gouvernement : cette forme se nomme *démocratie*.

Il peut charger un certain nombre de citoyens de l'exécution des lois, de sorte qu'il y ait plus de simples citoyens que de magistrats; cette forme se nomme *aristocratie*.

Il peut encore resserrer l'autorité exécutive, et la mettre entre les mains d'un *seul*. Cette forme se nomme *monarchie*; c'est la plus commune quant au fait.

On a beaucoup discuté pour savoir quelle était la meilleure forme de gouvernement. Cette matière ne peut avoir une solution générale, puisque tel gouvernement qui convient à un peuple serait nuisible à son voisin.

D'après la répartition des peuples de l'Europe dont, en général, les états sont considérables, il s'en suit que le gouvernement monarchique ou d'un seul est celui qui leur est propre. Si le peu-

ple était peu nombreux, ce devrait être le démo-
mocratique; s'il était quelques états dont la population fût médiocre, ce serait l'aristocratique.
Ces divisions et applications de diverses formes de
gouvernement prennent leurs sources dans toutes
les raisons que j'en ai déjà donné aux chapitres
précédens.

CHAPITRE IV.

De la démocratie.

Il n'y a point de démocratie sans république,
et c'est une démocratie, lorsque le peuple en
corps a la souveraine puissance. Il arrive qu'à
certains égards le peuple d'une démocratie est le
monarque. Il ne peut être ainsi que par ses propres suffrages, puisque la volonté du souverain
est le souverain lui-même. Les lois fondamentales
dans un tel état sont évidemment celles qui établissent le droit de suffrage, et il est très important
de savoir comment, par qui, à qui, et sur quoi
les suffrges doivent être donnés.

Les anciens étaient si jaloux de la pureté du
droit de suffrage, qu'à Athènes un étranger qui
se mêlait dans l'assemblée du peuple, était puni

de mort. Ils regardaient cette démarche comme usurpatrice du droit de souveraineté.

Dans une démocratie, le peuple, ayant la souveraine puissance, doit faire par lui-même tout ce qu'il peut faire de bien, et s'il ne s'en sent pas capable, il faut alors qu'il le fasse par ses ministres. S'il ne les nomme pas, ce ne sont pas les siens, et c'est une maxime fondamentale de ce gouvernement que le peuple nomme ses ministres ou magistrats.

Il faut nécessairement que ce peuple délibérant soit conduit par un conseil ou sénat; mais, pour qu'il mérite sa confiance, il faut que les membres en soient élus par lui. Qu'on laisse faire le bon sens du peuple; que des intrigans ne cherchent pas à l'égarer, et l'on verra de bons choix sortir de ses délibérations. Les choix dignes d'éloges que firent les Athéniens et les Romains ne laissent aucun doute sur la capacité qu'a le peuple à discerner le mérite de ceux qu'il juge digne de sa confiance.

On peut remarquer qu'à Athènes comme à Rome jamais le peuple ne put se résoudre d'élever aux premières charges des plébéiens ou citoyens de toutes les classes; car jamais ce qu'on

appellait le bas peuple ne demanda celles qui
pouvaient intéresser son salut. Il sentait que son
manque d'éducation le privait des connaissances
indispensables pour la bonne conduite des affaires publiques ; il devait se borner au rôle d'élec-
teur. Ceci prouve que si le peuple a assez de
capacité pour se faire rendre compte de la gestion
de ses affaires, il n'est nullement propre à se gé-
rer lui-même.

Les grands législateurs se sont particulièrement
distingués en divisant le peuple en certaines classes. La manière de procéder à cette division est
d'autant plus importante, que c'est d'elle que
dépend la durée et la prospérité du système démocratique.

Le grand législateur d'Athènes, Solon, établit
que tous les emplois militaires seraient donnés
au choix, et que le sort désignerait celui des sénateurs. Quant à ceux de la magistrature, il voulut qu'on les donnât aussi au choix ; mais quand
ces magistrats avaient fini leur temps, il leur
fallait essuyer un autre jugement, pour connaître
s'ils avaient rempli leurs missions comme de
bons citoyens, et répondu à la confiance publique.

Il existe encore une loi fondamentale de la démocratie; c'est celle qu'il est indispensable que le peuple seul fasse les lois. Cependant il peut se présenter plusieurs occasions où il est nécessaire que le sénat intervienne, et il est même sage encore qu'une loi soit essayée avant de l'établir. Sous ce rapport, Athènes et Rome avaient prévu ces cas dans leurs constitutions, et les arrêts du sénat avaient force de loi pendant une année, et ne devenaient perpétuels que par l'acceptation de la volonté du peuple. De tout ce qui vient d'être dit, le lecteur se convaincra, j'espère, qu'un tel système de gouvernement ne peut véritablement appartenir qu'à un très petit état. Il serait, dans le fait, bien impossible de faire jouer des ressorts très étendus qui s'affaiblissent à raison des distances.

Il est aussi une qualité essentielle et même indispensable à l'existence d'une démocratie; c'est le ressort puissant de la *vertu*. Une monarchie peut s'en passer, à la rigueur, parce que le bras du prince est là prêt à frapper et à réprimer les fautes et les désordres, dans l'intérêt de sa conservation; mais dans un état populaire, où toute puissance est collective, il faut un moteur *fort* et *inaperçu.* Ceci se trouve confirmé par l'expérience que donne l'histoire, et conforme d'ailleurs à la nature des choses. Un monarque peut cesser de faire exécuter les lois, par l'effet de mauvais conseils ; mais il peut aussi réparer facilement ce mal, soit en changeant de ministres , ou bien en se corrigeant de sa négligence. Il n'en est pas de même dans un gouvernement populaire. Si les lois cessent d'être en vigueur, et par conséquent méprisées , alors tout est perdu, car la corruption s'est emparée du corps social.

Un illustre auteur a dit avec raison que ce fut un spectacle intéressant que celui que donna au 17e siècle la nation anglaise, pour établir chez elle la démocratie. Ses efforts pendant plusieurs années furent impuissans, par l'effet du manque de *vertu* chez ceux qui, manifestant le plus d'ambition, prirent la plus grande part aux affaires publiques. Leur amour-propre ainsi que leur ambition furent irrités des succès de celui qui fut le plus entreprenant, le féroce *Cromwel.* Le gouvernement changeait de face à chaque instant, et le peuple, aussi fatigué qu'étonné , cherchait partout la démocratie, à l'ombre de laquelle il croyait trouver le repos et le bonheur. Cette démocratie ne se présenta jamais, et après bien des chocs et des secousses, et être tombé de tribulations en tribulations, de tourmentes révolutionnaires en tourmentes de même nature, il fallut revenir au gouvernement monarchique qu'on avait voulu détruire. Comment la nation anglaise a-t-elle pu se livrer à de telles illusions, elle qui commençait à cette époque d'être vieille dans sa civilisation ; et ne savait-elle pas qu'un vieillard ne revient jamais aux temps heureux des prestiges du bel âge.

Peuples de l'Europe qui voudriez vivre en république ou en démocratie, soyez *vertueux* avant tout, car la vertu est le gage le plus assuré de ces deux systèmes. Les Grecs qui vivaient sous un gouvernement populaire, ne reconnurent jamais d'autre force pour le soutenir que celle que donne le principe. Comment nos rénovateurs d'aujourd'hui auraient-ils la ridicule prétention de nous constituer sous cette forme de gouvernement, puisque la politique du jour ne reconnaît d'autres divinités que l'industrie, les manufactures, en un mot, les richesses et le luxe qui corrompent tout. Ces prétendus amis des masses ne sont, en général, (car il a des exceptions) que des intrigans, qui ne cherchent à les mettre en mouvement que pour les faire servir d'instrumens à leur ambitieuse cupidité. Mais le peuple se désabuse journellement, et nous touchons au moment, j'espère, où les jongleurs politiques seront démasqués, et recevront de l'opinion publique le juste châtiment que mérite leur mauvaise foi et leurs coupables desseins.

Dans une démocratie, l'amour de la république est celui de la démocratie. L'amour de l'égalité, dans une démocratie, est peut-être le sentiment dont les racines sont les plus profondes, si je puis m'exprimer ainsi. Elle devrait servir d'émulation, dans le seul but de rendre à la patrie d'éminens services. Dans la démocratie, l'égalité réelle est l'âme de l'état. Cependant il est bien difficile de l'y établir, et une sévère exactitude pour assurer son empire éprouverait de grandes difficultés. L'établissement du cens, pour fixer et régulariser les différences dans les classes, demande une attention suivie, pour ne pas blesser les amours-propres, surtout chez un peuple habitué à l'égalité des rangs. C'est par des lois sages et particulières qu'il faut, pour ainsi dire, égaliser les inégalités, en imposant aux riches des sacrifices que permettent leurs positions, et assurer le soulagement des pauvres. Ces compensations, il faut l'avouer, sont bien difficiles à établir, et ne peuvent se trouver que dans les fortunes médiocres.

S'il existe une inégalité dans la démocratie, elle doit prendre sa source dans la nature même de la démocratie, comme dans le principe même de l'égalité. Il est des cas que présentent la trop grande inégalité de fortune et les rivalités qui s'ensuivent, où l'égalité peut être ôtée dans l'intérêt et l'utilité de la démocratie.

Il serait très nuisible au bien de l'état que celui qui fait les lois les exécutât, et que le souverain détournât son attention pour la fixer sur des objets particuliers. On aurait alors à redouter que les affaires particulières ne portassent une influence nuisible sur les affaires publiques.

A le prendre à la rigueur, il n'a jamais existé de véritable démocratie, étant contre l'ordre de choses que le grand nombre gouverne, et le petit soit gouverné. Il est de toute impossibilité qu'un peuple puisse vaquer lui-même en corps aux affaires de l'état, et s'il crée des commissions à cet effet, le système démocratique est altéré dans son essence. Le gouvernement démocratique est celui qui est le plus susceptible d'éprouver des changemens, car, d'après ce que je viens de dire, il est difficile de croire qu'une administration ne l'emporte tôt ou tard sur une autre, et ne rompe ainsi l'identité.

Le gouvernement démocratique, pour rester intact, exige des qualités que les hommes toujours influencés par des passions ne peuvent avoir. Premièrement, il est nécessaire que ce soit un petit peuple, que les mœurs y soient pures, pour donner aux délibérations publiques toute la sagesse qu'elles demandent; beaucoup d'égalité dans les fortunes et par conséquent dans les rangs, deux articles impossibles à remplir, et surtout point de luxe, venin terrible qui corrompt les peuples en faisant naître des besoins toujours nouveaux et toujours factices.

La démocratie est particulièrement sujette à l'anarchie qui dégénère presque toujours en oligarchie. La violence la plus effrénée accompagne ordinairement ces changemens : dans la situation la plus parfaite même, elle est toujours sujette à un grand défaut, qui est la lenteur des délibérations ; car les députés craignent le désaveu : les intérêts subdivisés à l'infini et les suffrages trop combattus les uns par les autres, tout cela rend un tel gouvernement incapable de ces parties d'exécution brusques et de prévoyance qui souvent sauvent un état du péril. D'ailleurs, le secret y est mal gardé, les hommes de mérite y ont à craindre la basse envie et l'ingratitude. Les passions n'y influent pas moins que dans les cours : ces passions ont leurs influences sur les grandes opérations politiques ; elles y sont plus déraisonnables, étant plus grossières.

J'ai déjà manifesté dans cet ouvrage combien je partage avec tous les bons Français la haine nationale contre ce gouvernement insulaire, qui regarde comme principe fondamental de sa conservation de faire à la France tout le mal qui lui est possible. Je vais exposer qu'au nombre des moyens employés par l'Angleterre pour semer la discorde dans notre patrie, il en fut un qui mit la monarchie à deux doigts de sa perte. Ce moyen, aussi perfide que séduisant, fut celui de fomenter et de répandre en France le *protestantisme*,

comme offrant le plus de chances d'établir parmi
nous le système républicain ou le démocratique.
Je viens de dire que le moyen était perfide dans
ces conséquences, et je prie le lecteur d'observer
que le protestantisme n'est qu'une démocratie
religieuse, qui mène naturellement ses sectaires
à la démocratie politique. En effet, les peuples,
accoutumés à partager le dogme de la souveraineté religieuse, s'accoutument facilement à partager celui de la souveraineté politique. L'absence, chez les protestans, de toute hiérarchie
religieuse leur fait méconnaître et repousser la
hiérarchie politique, en trouvant très simple d'ê-
tre consultés en tout et pour tout dans ce qui les
intéresse comme corps de nation.

Le gouvernement anglais, depuis ses révolutions religieuses, s'était donné, en Europe et surtout aux yeux des calvinistes de France, l'importance de chef et de protecteur des églises réfor-
mées, et cette couleur de religion lui avait servi,
pendant trois siècles, à désoler la France de ses
intrigues.

C'est une maxime au roi de France, dit le duc
de Rohan dans ses mémoires, *de ne pas se montrer animé contre ses sujets de la religion, de peur*

qu'ils ne se jettent en la protection du roi d'Angleterre.

Mais ce n'était là que la seconde pensée des calvinistes : la première était l'établissement de démocraties fédératives, consommé en Suisse, en Hollande, et, de nos jours, en Amérique ; arrêté, pour la France, en 1621, à l'assemblée de *Privas en Vivarais*, sous le nom de divisions de cercles, repris en 1793, et qui eut été mis à exécution, si ceux qui gouvernaient alors n'y eussent vu la ruine de leur monstrueuse puissance. On peut remarquer que les députés méridionaux en étaient les plus ardens promoteurs, et les départemens méridionaux les plus zélés partisans.

La France luttait contre la démocratie depuis François II. Richelieu en avait empêché l'introduction en fermant aux Anglais les ports de l'Océan ; mais ces spéculateurs opiniâtres, irrités plutôt que rebutés par le mauvais succès, ouvrirent une nouvelle route à l'exportation de leur poison philosophique, et quoiqu'ils fissent encore, au commencement de ce siècle, une dernière tentative pour l'introduire directement en France par le port de *Cette*, dans le temps des troubles des *camisards*, le peu de succès de ces expéditions continentales les détermina de s'en tenir au commerce interloppe, qui se faisait par la Suisse, et dont l'entrepôt était à Lauzanne.

Les jeunes gens du midi de la France, qui se destinaient au ministère ecclésiastique de la religion protestante, allaient faire leurs études à Lauzanne, où ils étaient instruits et entretenus gratuitement. Il a été découvert, depuis quelques années, que l'Angleterre faisait, avec un grand secret, les frais de cette éducation, où l'on peut croire que ces jeunes gens ne puisaient pas les principes les plus convenables aux vrais intérêts de la France; et assurément il était impolitique de laisser à nos ennemis cette influence sur l'enseignement public. Il est vrai qu'il avait été fondé en France des maisons d'étude pour les catholiques des deux sexes, sujets de l'Angleterre; mais ces fondations connues étaient purement pieuses, et leur publicité même en ôtait tout danger politique.

On ne peut pas douter que, depuis le cardinal Dubois (pensionné, dit-on, par le cabinet de Londres), cette puissance n'ait, sauf quelques intervalles, influé sensiblement sur les conseils de de la France, lorsqu'on voit, depuis cette époque, toutes les grandes opérations de l'administration en contradiction formelle avec les lois naturelles de la France, finir par en consommer la subversion.

Les autres nations, et particulièrement la France, n'ont pas fait assez d'attention à cette *administration insensée* que les Anglais ont eu l'art d'inspirer pour leurs mœurs, leurs usages, leur littérature, leurs modes et leur constitution. Des mœurs à *l'anglaise*, *indiscrètement* adoptées dans la capitale, nous avaient insensiblement disposés à recevoir des lois à *l'anglaise* ; car la constitution de 1789 était la même dans ses principes que la constitution britannique, comme la constitution civile du clergé, décrétée à la même époque, aurait amené peu à peu quelque religion mixte, comme la religion anglicane; et l'on ne peut douter que le gouvernement anglais, qui connaît à fond le secret de sa constitution, n'eût trouvé très conforme à ses vues d'en faire présent à sa rivale.

On doit remarquer que cette malheureuse guerre de l'indépendance américaine a puissamment aidé à seconder les intentions malveillantes de l'Angleterre. C'est, en effet, aux Etats-Unis qu'ont été puiser des principes démocratiques les hommes qui ont donné la plus forte impulsion à la révolution française. C'est de l'Amérique septentrionale que les *Lafayette*, les *Dumouriez*, et tant d'autres chefs militaires ou personnages marquans, ont rapporté ces idées de république fédérative, dont l'influence se répandit en France comme un torrent, grossi encore par l'enthousiasme, si naturel aux Français, pour les choses nouvelles et particulièrement pour le romantique.

Les ennemis de la France ont voulu la détruire par la révolution, et la France deviendra plus puissante par la révolution, qui ramènera l'unité dans sa constitution, l'uniformité dans son administration, l'union entre toutes ses parties, triple unité, ciment indestructible des sociétés, moyen le plus puissant de leur développement et de leurs progrès.

Une société, fondée sur cette triple base, n'est plus la chose de l'homme, mais la chose de la nature; n'est plus la chose de chacun, mais la chose de tous, la chose publique véritable, *res publica*, et alors, dit Jean-Jacques Rousseau, «la monar-«chie elle-même est république.»

Le même publiciste a dit avec raison que, « s'il

«y avait un peuple de dieux sur la terre, il se gou-
«vernerait démocratiquement ; un gouvernement
«si parfait ne convient pas à des hommes.»

Partisans insensés du régime démocratique en
France, y pensez-vous, lorsque vous voyez qu'il y
a chez nous absence totale de sentimens vertueux,
véritable base de cette forme de gouvernement :
nous sommes vieux et usés. Je ne vois qu'indifférence publique, et une paralysie générale semble
nous rendre insensibles au bien comme au mal.
L'esprit public est atteint dans presque toutes ses
parties : il languit presque mourant, ne faisant
plus tressaillir les noms sacrés d'honneur et de
patrie. Une atonie de caractère se fait remarquer
partout en France, et ne sort de son assoupisse-
ment que lorsque la fortune séductrice lui fait
apparaître son prisme trompeur. J'y vois surtout
un profond mépris pour les professions paternel-
les, une absence complète de croyances même
des plus consolatrices ; un besoin constant de
sensations nouvelles, qui, en usant la vie, vous
prive, par conséquent, d'éprouver de véritables
jouissances. Ces émotions factices entraînent
avec elles le dégoût, le malaise et une grande inconstance qui ne peuvent vivre sous le règne du

bon ordre, et qui, par conséquent, poussent aux révolutions et à l'anarchie.

Comment, en effet, songer un seul instant à la possibilité d'établir en France le principe démocratique ou républicain, lorsque nous voyons se prolonger parmi nous un pareil état de choses. Le chaos nous a engourdis, et ne nous a laissé d'autre faculté que celle du vice ou de l'intrigue. Parfois l'opinion publique semble réprouver la perversité, et, tout en criant au scandale, on laisse par lassitude prendre place aux parvenus du siècle. S'il reste encore quelque peu d'admiration pour le courage, on n'y porte nulle attention fixe, et il est considéré comme pure théorie. On voit journellement, par l'effet de ce même sentiment de la lassitude, les bons s'entendre avec les mauvais, sans, toutefois, partager ni leurs vices ni leurs convictions. On confond la paix avec le manque d'énergie, et l'on croit le corps social en voie de guérison, parce que le mal est si grand, qu'il procure un véritable engourdissement, précurseur de la mort. C'est à la perte de nos institutions premières que nous devons l'état plus que précaire dans lequel nous vivons.

Il faut nécessairement qu'un peuple meure,

quand ses institutions sont tombées dans l'oubli; car il ne peut exister sans les pratiquer. On aurait grand tort de croire, lorsqu'on a perdu ses institutions organiques, qu'elles puissent être remplacées par de nouvelles théories, faites quelquefois avec un art souvent perfide.

Ces théories, étrangères à notre nature et presque toujours factices, ne peuvent avoir aucune influence sur nos destinées présentes et futures, parce que nos sentimens et nos consciences n'y ont pas préparé nos cœurs. En parcourant les pages de l'histoire, nous avons pu nous convaincre que, chez tous les peuples connus, les institutions élémentaires (quant au corps social) furent à peu près les mêmes, et ne sauraient être ni variables ni arbitraires.

Sans jeter un regard superflu derrière nous, nous voyons qu'il fut une époque (non très ancienne), où les mœurs françaises pratiquaient ces institutions conservatrices dont nous semblons nous éloigner tous les jours. De ce nombre étaient la juridiction de la puissance paternelle, le respect dû aux anciens usages et aux vieilles traditions, la conservation des propriétés, et cet élan de se livrer, avec une sorte d'orgueil de famille, aux professions héréditaires : on se convaincra aussi que nos pères apportaient une sollicitude toute particulière à rapprocher les hommes entre eux, et éviter, en les réunissant par des rapports constants d'estime et d'absence d'ambition, de tomber dans un état d'isolement, qui leur aurait fait perdre cette force morale, élément premier de leur dignité respective. Cette époque de notre période de civilisation mérite notre attention et notre souvenir pour notre amélioration future, car ce n'est pas une des moins intéressantes de notre histoire, ni la moins utile, ni la moins nationale.

On a long-temps débattu le système des corporations; j'en serais le partisan. Ce système me semble une sorte de patronnage bien entendu du riche envers l'infortuné, et de l'homme éclairé sur l'ignorant. J'y trouve même une solidarité contre l'injustice et l'exigence du fort contre le faible. En cela il est une louable philantropie. On pourrait considérer ces corporations comme un lien puissant contre ce désordre beaucoup trop ordinaire dans nos localités, où tout se heurte et se confond, et qui font que les individus sortent de leurs positions. Quand les hommes sont sortis de leurs sphères ordinaires et de leurs affections natales, ils courent après un bonheur factice, les dignités et la fortune, croyant acquérir ainsi une haute indépendance; constamment dans un état de mobilité fatigante pour eux-mêmes, ils parcourent toutes les nuances de la vie, et ne trouvent le repos nulle part.

Une génération nouvelle grandit derrière nous; elle est flagrante, et mûrie peut-être avant le temps par l'effet des orages révolutionnaires, elle grandit et raisonne. Elle a, en général, une imagination vive, et une aptitude telle qui la rend bonne et propre à tout. C'est une vérité qu'on ne saurait lui contester de bonne foi. Mais à côté de tous ses avantages si importans en apparence, comment contenter tant de prétentions, comment assouvir cette soif d'ambition et cette ardeur qui la dévore, et dont les illusions trompeuses sont la source. Cette génération veut des honneurs avant tout : son activité et son audace lui font parcourir comme la pensée sa carrière sociale, dont l'extrémité est le néant. Alors ces illusions cessent, et à peine arrivée au milieu du cercle de de la vie, elle ne trouvera d'autre aliment à son ardente imagination que dans les désordres politiques et les prestiges du romantique.

Ainsi que je l'ai dit dans mon introduction, cette jeunesse dont je viens de tracer avec calme et sans nulle prévention un tableau que je ne crois pas exagéré, veut le bien et croit être dans la bonne voie pour l'obtenir. Je répète au lecteur que je lui reconnais des sentimens généreux et un caractère héroïque, capable des plus honorables dévouemens. Mais elle vit dans une funeste erreur, et elle la reconnaîtra plus tard, lorsque l'âge croîtra avec l'expérience. Ce serait une sublime tâche à s'imposer, et qui mériterait toutes les méditations des législateurs, que celle qui, par une volonté régénératrice, arracherait cette génération imprudente à la fausse route qu'elle poursuit, en la mettant à même d'étudier et de recueillir de sages institutions qui seules peuvent arrêter des flammes prêtes à répandre au loin comme de près un violent incendie.

Je laisse au lecteur à juger si mes conséquences sont forcées. Dans ce chapitre, j'ai voulu prouver particulièrement que si le gouvernement démocratique peut exister chez un petit peuple, il est de toute impossibilité de l'établir en France, à cause de son étendue, de sa vieille civilisation, et surtout à cause du caractère va-

riable de ses habitans. J'ai peut-être poussé mes
raisonnemens jusqu'à la prolixité ; mais le sujet
était si important et nous touchait de si près,
qu'on me pardonnera un tel développement en
faveur des bonnes intentions qui l'ont dicté, et
que l'absence de tout esprit de parti n'a pas al-
térées.

CHAPITRE V.
De l'aristocratie.

S'il faut de la vertu dans le gouvernement démocratique, il en faut de même dans l'aristocratique. Cependant elle n'y est pas aussi indispensable que dans le premier.

Dans le gouvernement aristocratique, le peuple est, à l'égard des privilégiés, ce que les sujets sont à l'égard du monarque, ce qui prouve
qu'il a moins besoin de sentimens vertueux que
le peuple de la démocratie.

Le gouvernement aristocratique a un immense avantage sur le démocratique ; c'est qu'il
a une certaine force d'exécution que ne peut
avoir ce dernier. La modération est l'âme de ces
sortes de gouvernemens, mais il ne faut pas con-

fondre celle qui provient de la vertu avec celle qu'engendre souvent la paresse de l'âme.

Je viens de dire que la modération était l'apanage de l'aristocratie. Il le faut en effet, puisque si dans cette forme de gouvernement le peuple y est vertueux, il est appelé à y jouir du bonheur du gouvernement populaire. Cependant, comme il est difficile qu'il y ait beaucoup de vertus là où les fortunes sont inégales, il est indispensable que les lois cherchent à modérer cet esprit si naturel de jalousie, en cherchant, autant que possible, à rétablir une égalité de rangs que la constitution elle-même semble réprouver. Cette modération est donc la principale vertu de l'aristocratie.

Il est dans l'ordre des choses que chaque gouvernement ait sa nature et son principe. L'aristocratie ne peut jamais prendre le principe de la monarchie, et c'est ce qui aurait lieu si les privilégiés de l'état jouissaient de quelques prérogatives qui appartiennent seules au sénat dirigeant.

Le gouvernement aristocratique offre deux principales sources de désordre, c'est l'inégalité extrême entre les gouvernans et ceux qui sont gouvernés. Il arrive aussi très souvent que cette même inégalité se glisse entre les différens membres du sénat, et alors il en résulte des haines et des jalousies qu'il est de l'intérêt des lois de prévenir et de faire disparaître.

Il faut éviter surtout que les privilégiés ne s'exemptent point de payer les subsides, qu'ils ne rendent le peuple tributaire sous le vain prétexte de se payer des emplois qu'ils exercent. L'aristocratie devient le plus dur des gouvernemens, si les privilégiés se partagent les impôts prélevés en son nom.

Lorsque les Romains inclinèrent à l'aristocratie, ils surent éviter ces graves inconvéniens, parce que la magistrature fut toujours exercée gratuitement. Les principaux membres de la république furent non seulement taxés comme les simples citoyens, mais il arriva souvent qu'ils le furent seuls. Ces patriciens surent adroitement se faire pardonner leurs honneurs, en partageant au peuple les richesses que leur procurait le triomphe de leurs armes chez les nations conquises.

Les lois aristocratiques doivent défendre le commerce. Les plus riches marchands exerceraient sur l'état un monopole ruineux. Un illustre publiciste a dit à cet égard : *Le commerce est la profession des gens égaux, et dans les états despotiques, les plus misérables sont ceux où le prince est marchand.*

Les lois de la république de Venise étaient très expresses sous ce rapport, et Tite-Live nous apprend que la loi défendait aux sénateurs d'avoir en mer aucun vaisseau qui tînt plus de quarante muits.

Les lois qui, sous tous les gouvernemens, sont appelées à mortifier l'orgueil de la domination, doivent surtout y veiller dans l'aristocratie. L'expérience prouve que cette forme de gouvernement demande l'emploi de ressorts violens.

Lorsque le pouvoir des privilégiés devient arbitraire, l'aristocratie se corrompt, la vertu fuit ceux qui gouvernent comme ceux qui sont gouvernés.

L'aristocratie devient une monarchie avec plusieurs monarques lorsque les familles régnantes observent les lois. Ce gouvernement est très bon en lui-même. Mais aussi si ces familles les méprisent, c'est un état despotique avec plusieurs despotes.

L'aristocratie se change en oligarchie lorsque la noblesse est héréditaire. Alors la modération devient bien difficile. Le grand nombre des familles privilégiées dans l'aristocratie héréditaire rendra le gouvernement moins violent, mais la vertu y étant moindre, il est à craindre qu'on ne tombe dans un esprit de paresse, d'abandon, qui fera que l'état n'aura plus de force ni de ressort. Venise est une des républiques qui a le mieux corrigé par ses lois les inconvéniens de l'aristocratie héréditaire.

Une monarchie n'arrive guère au despotisme que par l'intermédiaire de l'aristocratie. Les ministres et les grands travaillent pour le monarque, croyant travailler pour eux-mêmes; ils abaissent le peuple, ils élèvent le trône parce qu'ils y touchent de près et qu'ils dédaignent le vulgaire. Mais quand le trône est affermi, le monarque se trouve toujours plus ami de la démocratie qui lui est soumise que de l'aristocratie qui l'offusque.

Parmi les membres de l'aristocratie, il faut compter tous les gens riches; la richesse est une distinction réelle chez toutes les nations. On sait que la première dénomination des grands d'Espagne fut d'*homme riche*, *ricco hombré*, et malheureusement plus les nations se policent, plus elles reconnaissent l'usage et l'avantage de l'opulence.

Si les rois prennent ombrage des grands de leurs états, ils en trouvent les mêmes raisons contre les citoyens trop riches. La conclusion de ceci chez les Turcs serait qu'il faut abattre des têtes si hautes, et surtout approprier leurs dépouilles au fisc. Les époques sanglantes de 1792 et 1793 nous prouvent que ce n'est pas dans les seules monarchies despotiques qu'un si épouvantable nivellement est à redouter. C'est par les massacres qui caractérisent ces années d'exécrable mémoire, qu'on préluda à une prétendue république en France.

Le progrès de l'aristocratie doit toujours être pris pour un signe certain de la friblesse du despotisme, et celui de la démocratie comme un effet de sa vigueur. Je crois que si l'on a jamais prouvé quelque chose par les faits, c'est dans le chapitre précédent. Si toutefois il est arrivé que François Ier et Louis XIV ont retardé la démocratie par la vénalité des charges, qu'on attribue cela à une cause toute étrangère à ma preuve.

Ils voulurent tirer des sommes extraordinaires de leurs peuples, et ils eurent volontairement la faiblesse de se servir de moyens détournés, ce qui confirme ce que je viens de dire à l'égard de l'aristocratie.

Le gouvernement aristocratique a distinctement deux personnes morales, le *souverain* et le *gouvernement* lui-même. Ce dernier peut avoir une police intérieure, mais il ne peut parler qu'au nom du peuple.

En remontant à l'origine primitive des sociétés, nous voyons que les premières furent gouvernées aristocratiquement, c'est-à-dire par les chefs de familles qui se réunissaient pour délibérer sur les affaires de leurs ménages; de là sont venus les noms d'*anciens*, *sénateurs*, *prêtres*, etc. Nous en avons encore quelques exemples dans les peuples sauvages de l'Amérique septentrionale; mais cette forme heureuse ne peut être de longue durée. La propriété donna lieu à l'inégalité des richesses, celle-ci à l'inégalité de rang ou de puissance, et l'aristocratie devint élective.

Il y a trois sortes d'aristocratie, la *naturelle*, l'*élective* et l'*héréditaire*. La première, sans con-

tredit, est la préférable, mais les passions humaines y portent obstacle. La seconde est la meilleure, c'est l'aristocratie proprement dite. La
troisième est la plus infâme de tous les gouvernemens. Je viens de dire que l'aristocratie élective
était la meilleure. En effet, on y distingue deux
pouvoirs; d'ailleurs, c'est le peuple qui nomme
ses magistrats. Cette forme de gouvernement demande beaucoup de sagesse, car si le prince règle
la forme de l'élection, et non le peuple, l'état
tombera nécessairement dans l'aristocratie héréditaire. Venise nous en a montré l'exemple. Le
sérénissime prince ou puissance exécutive s'était
en effet accordé le droit d'établir le mode d'élection; aussi en est-il résulté que le choix tombait
sur ses créatures, et l'état est depuis long-temps
entièrement dissous.

CHAPITRE VI.

De la monarchie.

Ainsi que dans le chapitre sur la démocratie,
je vais commencer par exposer la partie organique et métaphysique des lois relatives à la monarchie.

La royauté monarchique est, de tous les gouvernemens, le plus estimé par les auteurs politiques.

L'expédition et la justice y opèrent de grandes choses en peu de temps ; il lui arrive de dégénérer souvent, sous des princes pusillanimes, mais elle se relève promptement sous les grands rois. Par ses qualités elle se tourne aisément en pure monarchie. Les passions humaines la conduisent au despotisme, et même à la tyrannie. L'*usurpation* détruit le pouvoir légitime, et fait taire l'ordre ancien des lois constitutives et fondamentales.

Si le gouvernement monarchique n'a pas toujours la vertu comme principal ressort, il en est un autre qui très souvent et presque toujours la remplace, je veux dire l'*honneur*. Par honneur j'entends ce préjugé attaché à chaque personne comme à chaque condition, et qui prend la place de cette vertu politique dont je viens de parler au chapitre de la démocratie. Ce sentiment inspire les plus belles actions, et joint à la force des lois, il produit les plus héroïques résultats.

Les prééminences, les rangs, et même une

noblesse d'origine sont inhérens à une monarchie. Il n'en existe pas où ces institutions ne s'y trouvent. Il est dans la nature de l'homme de demander des distinctions.

Dans un gouvernement monarchique, l'ambition est utile et produit toujours de bons effets. Il n'en est pas de même dans une république, où elle est par fois dangereuse, parce qu'il n'est pas facile de la réprimer. Dans une monarchie, l'homme fait mouvoir toutes les parties du corps politique, par la raison que chacun travaille dans l'intérêt public, croyant agir dans le sien propre.

L'honneur a cet avantage, c'est d'obliger les hommes à faire de grandes actions, sans autre récompense que le bruit même de leurs actes. Mais puisque ce sentiment est pour ainsi dire le principe de ce gouvernement, les lois doivent donc y avoir les rapports les plus intimes.

Le grand avantage du gouvernement monarchique sur le républicain, c'est que, tout marchant par l'impulsion d'un seul homme, il y a nécessairement plus de promptitude dans l'exécution des lois et autres réglemens. Les lois monarchiques doivent veiller à ce que cette même promptitude ne dégénère pas en une trop grande rapidité, et doivent de même, en favorisant la nature de la constitution, éviter qu'on ne tombe pas dans les abus qui y sont attachés dans leurs applications.

La magistrature, à qui le dépôt des lois est confié, ne prouve jamais mieux une utile obéissance, que lorsqu'elle apporte dans ses délibérations cette maturité de discussion, qui demande une marche lente, mais progressive, à mesure que la conviction pénètre dans la conscience de chaque membre de ces graves assemblées parlementaires. Un des premiers devoirs des magistrats est, par leurs moyens de lenteur et leurs remontrances, d'arrêter l'élan généreux des rois vertueux, qui, ne consultant que leurs sentimens de reconnaissance pour des services rendus à l'état, voudraient prodiguer à des sujets dévoués des récompenses sans mesure.

Le grand avantage du gouvernement monarchique sur le despotique, c'est qu'il est de son essence, comme de sa nature, qu'il y ait sous le prince des pouvoirs intermédiaires ou ordres. Ces derniers tiennent à la constitution, et donnent à l'état un haut degré de fixité. Les personnes de ceux qui dirigent les affaires publiques y sont plus assurées dans leur existence matérielle.

Cicéron croit que l'établissement des tribuns de Rome fut le salut de la république. *En effet*, dit-il, *la force du peuple qui n'a point de chef est plus terrible. Un chef sent que l'affaire roule sur lui, il y pense ; mais le peuple, dans son impétuosité, ne connaît point le péril où il se jette.* Cette réflexion peut également s'appliquer à une monarchie, comme à un état despotique.

Dans un gouvernement despotique, les mouvemens du peuple, conduits par lui-même, vont aussi loin que possible; tandis que, dans une monarchie, les mouvemens populaires sont rarement portés à l'extrême. Les chefs craignent pour eux-mêmes et redoutent d'être abandonnés. Les corps intermédiaires, qui sont dépendans du souverain, ne veulent pas que le peuple s'empare de l'autorité. On ne voit jamais tous les grands de l'état corrompus à la fois. Le prince tient naturellement à ces états intermédiaires où il trouve sa propre garantie, et les partisans du désordre, n'ayant pas de point central de ralliement, n'ont ni l'espérance ni le pouvoir de renverser soit le prince, soit l'état.

Voici l'opinion d'un illustre publiciste sur ces corps intermédiaires dont je viens de faire sentir l'indispensable besoin dans un état monarchique.

Les pouvoirs intermédiaires, dit-il, subordonnés et dépendans, constituent la nature du gouvernement monarchique, c'est-à-dire, de celui où un seul gouverne par des lois fondamentales. J'ai dit les pouvoirs intermédiaires, subordonnés et dépendans : en effet, dans la monarchie, le prince est la source de tout pouvoir politique et civil. Ces lois fondamentales supposent nécessairement des canaux, moyens par où coule la puissance; car, s'il n'y a dans l'état que la volonté momentanée et capricieuse d'un seul, rien ne peut être fixe, et par conséquent aucune loi fondamentale.

Lorsque les mouvemens séditieux se font sentir dans une monarchie, les hommes sages et ayant autorité s'interposent entre le souverain et le peuple, et, tiers arbitres, ils appaisent le tumulte. Les lois reprennent leur force et achèvent de tout faire rentrer dans l'ordre. Voilà pourquoi l'histoire des monarchies nous fait connaître qu'elles ont éprouvé des guerres civiles sans révolutions; tandis que celle de états despotiques sont pleines de révolutions sans guerres civiles.

Il ne peut s'élever aucun doute que les peuples les plus heureux sont ceux qui vivent sous une bonne police, bien différens de ceux qui vivent dans les forêts, sans chefs comme sans règles. C'est pour cette raison que les rois, qui vivent avec les lois fondamentales de leur état, vivent bien plus heureux que les princes despotes, dont la vie est empoisonnée par la crainte qu'on n'attente à leurs jours, puisque rien ne peut régler ni leur cœur ni ceux de leurs sujets.

Ce n'est point dans les états despotiques qu'il faut aller chercher de la magnanimité. Le prince n'y peut donner un caractère qu'il n'a pas : il y a chez lui absence de gloire; mais c'est dans une monarchie que vous trouverez ce beau sentiment de magnanimité; car les sujets sont toujours à même de recevoir et de profiter d'un reflet de gloire et de bonheur que le prince peut leur renvoyer. C'est alors que chacun, sentant sa dignité d'homme, peut y execrer des vertus qui prennent naissance dans les impulsions que donnent l'honneur et la grandeur d'âme.

Des lois simples dans leurs applications peuvent convenir à un état despotique, qui pourrait, à la rigueur, se passer de tribunaux. Il n'en est pas ainsi dans une monarchie où il faut des tribunaux dont les décisions, qui en proviennent, soient une haute garantie pour la vie et la sûreté des citoyens. Il en est de même de l'honneur dont les tribunaux sont les archives.

La jurisprudence doit nécessairement dans une monarchie se charger d'autant de décisions qu'il y a de jugemens par les tribunaux qui se multiplient en se contredisant quelquefois. Il arrive souvent que ces décisions prennent leur variante soit dans le changement des juges, soit parce que ces mêmes affaires ne sont pas toujours présentées sous le même jour, ou défendues avec plus ou moins de talent.

La position des peuples, vivant sous un état despotique, est bien différente en effet; car sur quoi les juges auraient-ils à statuer? Les terres appartiennent au prince, et, par conséquent, l'application des lois civiles les concernant est inutile; ni sur les droits de successions, puisque le prince seul est apte à succéder.

Il est inutile de dire que, quant à l'honneur qui, chez nous, est un chapitre si important, les lois sont muettes dans les états despotiques, puisque ce puissant véhicule y est ignoré, et qu'ainsi nulles affaires où il entre comme ressort n'ont point lieu. Tout est néant autour du despotisme, parce qu'il se suffit parfaitement à lui-même.

Si les démocraties se perdent en dépouillant le sénat et les magistrats de leurs fonctions, de même les monarchies se corrompent, lorsqu'on enlève peu à peu les prérogatives des corps, ou les priviléges des villes. Dans le premier de ces cas, on court vers le despotisme de tous; dans l'autre, vers le despotisme d'un seul. L'histoire nous apprend qu'une des dynasties de l'antique empire de la Chine se perdit parce que, au lieu de se borner comme leurs anciens prédécesseurs à une inspection générale, seule digne d'un souverain, les princes voulurent gouverner tout immédiatement par eux-mêmes. Ce même auteur chinois prétend que voilà la cause de la corruption de presque toutes les monarchies. Une des principales causes de la perte d'une monarchie, c'est quand le prince commet l'énorme faute, en rapportant tout à lui, *de tout appeler près de lui.* Elle se perd aussi lorsque le monarque, méconnaissant son autorité, sa véritable position, ainsi que le degré d'amour de ses peuples, s'endort dans une fausse sécurité que l'absence de ses devoirs, comme prince, lui inspire pour un temps limité, car malheur au souverain qui provoque le réveil de ses sujets.

Je viens de dire que c'est une des causes de la décadence d'une monarchie, que d'appeler dans la capitale les grands du royaume, le luxe et tout ce qui s'ensuit. En effet, ce système de centralisation qui fait que toute la France est venue par degré se précipiter dans Paris, a ravi à nos provinces cette physionomie nationale qui leur fut particulière pendant plusieurs siècles. Cette centralisation, vue sous un rapport plus sévère, nous prouve que c'est par la politique imprudente de quelques rois que la capitale était devenue la vaste héritière des franchises provinciales. On ne peut révoquer en doute que c'est à l'influence de cette accumulation de pouvoirs, qui se montre tout entière depuis trente ans sous le nom de centralisation et de bureaucratie, qu'est dû l'envahissement de ces mêmes franchises dont je viens de parler. Il a toujours existé, sous le rapport moral, une grande différence entre Paris et la province, et c'est le cas de dire que jamais les capitales ne furent une bonne école pour les peuples.

Le gouvernement d'aujourd'hui devrait faire attention que la capitale est déjà très odieuse à la province. S'il veut qu'une confiance réciproque se rétablisse, il faut que la province soit respectée dans sa dignité.

L'ancienne monarchie eut à se reprocher d'avoir commencé la centralisation par la noblesse. La noblesse d'alors, répandue dans ses manoirs, avait une existence glorieuse, puisque elle était celle de patronnage et de bons exemples pour le reste des populations. La centralisation des cours attira cette belle existence, et la corruption descendit des sommets de la société pour réveiller et autoriser en quelque sorte une réaction de meurtres et de crimes, jusqu'à ce que tout fut englouti, peuple et noblesse, dans un abîme commun.

Une autre espèce de centralisation a succédé à la première, je veux dire une centralisation administrative qui épuise la vie de la nation, et absorbe en un seul point toutes les ressources. Celle-ci peut finir, non pas seulement par une réaction provinciale, mais par une ruine totale, par une solution politique, égale à celle du bas empire (ainsi que je l'ai consigné dans mon introduction), où rien ne manque, ni absolutisme du pouvoir, ni abrutissement du peuple.

Donc, en cherchant à rétablir la France dans ses conditions naturelles de monarchie libre, tous les soins doivent tendre à éviter, dans le présent et dans l'avenir, ce qui pourrait éveiller l'idée d'une centralisation semblable à celle dont nous sommes les témoins.

Selon moi, les hommes n'échapperont jamais, quoi qu'ils fassent, aux nécessités d'une aristocratie. L'aristocratie naît de toutes les circonstances qui entourent l'homme dès son berceau ; elle naît des situations de famille et des diversités de talent et de mérite. Mais si l'aristocratie est naturelle, toute aristocratie ne l'est pas. Ainsi, l'aristocratie du monopole est contraire à la nature des choses ; c'est celle-là que la province ne peut pas et ne veut pas tolérer. Qu'on me pardonne cette digression passagère sur l'aristocratie que j'ai traitée au précédent chapitre ; j'y ai été entraîné par une conséquence toute naturelle de mon opposition au funeste système de centralisation.

Nous qui sommes provinciaux, puisque nous

travaillons pour la liberté commune, nous devons dire que, sous notre plume, le mot de décentralisation a un sens très large. Nous appliquons la décentralisation à tout ce qui, sous un nom quelconque, met les opinions et les intérêts sous la dépendance exclusive d'un petit nombre d'hommes, qu'ils soient dans le gouvernement ou qu'ils soient hors du gouvernement ; et par suite de cette idée, nous disons qu'il n'y a de parti fort, qu'autant qu'il a une représentation qui embrasse le pays tout entier, comme il n'y a de gouvernement fort qu'autant qu'il s'appuie sur les intérêts généraux de la société.

Parmi les causes de la corruption du système monarchique, on doit classer le respect qu'on ôte aux grands, et lorsque les hautes dignités sont inhérentes à la servitude. Il se corrompt encore quand l'honneur est mis en contradiction avec l'honneur, et que le prince change sa justice en sévérité.

Le grand inconvénient de la corruption du principe monarchique n'est pas lorsque le gouvernement passe à un gouvernement modéré, comme, par exemple, de la république à la monarchie, mais bien quand il tombe d'un gouvernement modéré au despotique. Voici ce que disait un profond publiciste au 18e siècle. *La plupart des peuples de l'Europe sont encore gouvernés par les mœurs. Mais, si par un long abus du pouvoir, si par une grande conquête, le despotisme s'établissait à un certain point, il n'y aurait pas de mœurs ni de climat qui tinssent, et dans cette belle partie du monde (l'Europe), la nature humaine souffrirait, au moins pour un temps, les insultes qu'on lui fait dans les trois autres.* Voilà ce que disait aux nations européennes un des grands hommes dont la France s'honore. C'est une prédiction qui pourrait s'accomplir un jour. C'est le cas de répéter de prendre garde aux masses menaçantes du nord, que je considère toujours comme masses d'invasion.

L'étendue d'un état monarchique doit être médiocre. S'il était petit, il se formerait en république, et s'il était trop étendu, les grands de l'état, habitant loin de la surveillance du prince, cesseraient d'obéir. Après la mort de Charlemagne, son empire fut partagé entre ses enfans ; il en fut de même à la mort d'Alexandre-le-Grand.

Les anciens ne connaissaient point de gouvernement ayant un corps législatif, une noblesse , ni, par conséquent, des représentans. Avant la conquête des Romains qui envahirent toutes les républiques connues, il n'y avait presque pas de rois. Tous les peuples, en général, de l'Europe, étaient régis par de petites républiques.

Le plus grand ressort dans l'art de gouverner les peuples, c'est l'autorité royale. Elle a ce puissant avantage, c'est de se mouvoir facilement et à volonté. La félicité des peuples est à son comble dans une monarchie, lorsqu'ils vantent la douceur de son gouvernement. Le commandement y est facile; mais, pour le trouver tel, il faut que le prince encourage, et que les lois seules menacent.

Dans une monarchie bien entendue, le prince doit être accessible à tout le monde. Un auteur, qui a écrit sur la Russie en 1717, nous apprend que le czar Pierre-le-Grand a fait une ordonnance, qui défend de lui présenter de requête, qu'après en avoir présenté deux à ses officiers. On peut, en cas de déni de justice, lui présenter la troisième; mais celui qui a tort doit perdre la vie. Personne depuis n'a adressé de requête au czar. Cette manière de rendre la justice ne trouverait pas parmi nous de nombreux admirateurs.

Les mœurs du prince influent autant sur la liberté que les lois. S'il veut connaître le grand art de gouverner les peuples, qu'il appelle autour de sa personne la vertu, l'honneur et le mérite personnel; il doit chercher à gagner des cœurs et se rendre populaire. L'amour du moindre de ses sujets doit le flatter.

Un monarque, qui n'a qu'à songer à gouverner, gouverne toujours bien; car son intérêt est précisément celui de l'état : il ne trouve que là sa gloire et ses plaisirs; tout ce qui tient à l'amour-propre est tout ce qui forme son honheur. Il est bon par passion.

Les historiens barbares nous montrent des traits singuliers de vertu chez les princes; des âmes fermes qui se sont tournées au bien comme au mal, et au mal comme au bien; des souverains absolus qui voulaient ardemment le bien de leurs sujets, l'exacte justice et des établissemens d'une police admirable, comme sous le règne d'un Almanzor; mais, faute d'harmonie dans le gouvernement, et de principes dans les mœurs, bientôt une mort violente faisait succéder à ces momens heureux des règnes féroces et déraison-nables.

La répartition du pouvoir est encore une des conditions essentielles de la monarchie. Si le pouvoir s'infuse dans la famille, l'esprit de vie est partout, et chacun, se trouvant appelé à commander et à obéir, maintient de tous ses efforts le commandement et l'obéissance.

Le pouvoir, dans les mains d'un seul, me semble plus facile à diriger en ce sens, que la circulaire d'un commis peut faire en un moment la loi des provinces; mais, s'il arrive une révolution, ces provinces vont lire froidement l'ordre du jour dans la gazette officielle : elles voient s'opérer avec plus ou moins d'indifférence les mutations politiques, et attendent que le collecteur leur dise à qui il faut payer l'impôt. Et d'ailleurs, sans parler de révolutions, n'est-ce donc rien que de retenir chacun chez soi, par l'innocent appât d'une considération héréditaire, et par l'amour-propre combiné avec l'intérêt général.

C'est beaucoup, en effet, qu'un régime qui façonne toute une population à des idées d'ordre et de morale, accoutumant de bonne heure à une subordination fondée sur la nature, le sentiment et la raison, et devenant ainsi une école où l'on apprend par voie de conséquence immédiate à aimer, à respecter le souverain et les lois, comme on aime son père et son maître, comme on respecte enfin les traditions perpétuées dans les foyers domestiques.

Revenant aux principes d'un gouvernement monarchique et de leur application, je ferai observer que, si je n'ai considéré le prince que comme une personne purement morale, et agent de la puissance exécutive, nous allons maintenant le considérer comme être moral et physique, qui seul ait le droit de disposer de la puissance exécutive et législative.

Cet espèce de gouvernement est le contraire de tous les autres, puisqu'un individu représente un être collectif. Ainsi, la volonté générale, la force publique de l'état, et celle du gouvernement, se trouvent réunies dans la personne d'un seul.

Ainsi que je l'ai déjà prouvé, le gouvernement monarchique est celui qui a le plus de vigueur. C'est aussi celui où la volonté particulière a le plus de domination; mais il est malheureux qu'elle n'ait pas toujours pour but le bien général, la force de l'administration tendant souvent vers la ruine de l'état.

J'ai prouvé de même qu'un gouvernement monarchique n'était propre qu'en un vaste état. Je ne reviendrai pas sur ce principe, mais une autre raison non moins puissante vient à l'appui de ce que j'ai avancé; la voici : dans un grand état gouverné démocratiquement, l'administration publique est plus nombreuse, et se rapproche davantage de l'égalité. Ce même rapport augmente en sens inverse, lorsque le gouvernement se concentre, en sorte qu'il devient *un* dans la personne du monarque, et, par cela, acquiert plus de force.

Un autre inconvénient se présente; c'est celui de la formation des différens ordres ou distinctions nécessaires pour servir d'intermédiaires entre le roi et le peuple. Ces ordres ne peuvent non plus exister dans un petit état, à cause des grandes dépenses qu'ils nécessitent, et qui ruinent les finances. Il est inutile que je m'étende davantage sur cet objet, l'ayant suffisamment développé, je pense, dans le présent chapitre.

Il y a cette différence entre le gouvernement monarchique et le républicain, c'est que, dans ce dernier, le peuple n'élit jamais en général que des hommes capables, tandis que, dans le pre

mier, on est sujet à être gouverné quelquefois par
un homme incapable. Aussi Rousseau dit-il,
«quand, par quelque heureux hasard, un de ces
«hommes, nés pour gouverner, prend le timon
«des affaires dans un état presque abîmé par ces
«tas d'infâmes régisseurs, on est tout surpris des
«ressources qu'il trouve, et cela fait époque
«dans le pays.»

Le lecteur se rappellera, sans doute, que j'ai
annoncé dans mon introduction que cette première analyse du *Contrat Social* avait été faite
en 1800. Voici la réflexion (comme conséquence
de l'opinion de Jean-Jacques que je viens de citer),
telle que je l'avais faite, à cette époque, sur
l'homme du destin, qui préludait déjà à entretenir un jour le monde de sa gloire militaire, vérité que nous reconnaissons au moment où j'é-
cris : l'homme étonnant, qui, heureusement
pour nous, a pris les rênes de l'état, captive
l'admiration de l'univers par la sage administra_
tion qu'il a adoptée, et prouve combien étaient
grandes les ressources de notre malheureuse patrie qu'il a arrachée des mains de gouvernans
aussi ineptes que méprisables. Reçois, jeune héros (dont les fastes de l'histoire conserveront à

jamais le souvenir de ton génie et de tes vertus politiques) l'hommage dû aux principes de la saine philosophie, dont tu sembles faire ta règle de conduite. Que les temps sont changés depuis trente-cinq ans!

Un état monarchique, à qui le chef donne seul la vie, ne peut être bien gouverné, si l'étendue de l'état ne répond pas à l'étendue de son génie. C'est un inconvénient auquel il est bien difficile de remédier, étant beaucoup plus facile de conquérir que de régir. Cette vérité a donné naissance à la comparaison ingénieuse de Rousseau, lorsqu'il dit : «Avec un lévier suffisant, d'un «doigt on peut ébranler le monde; mais, pour le «soutenir, il faut les épaules d'Hercule.»

L'abus le plus sensible comme le plus grave dans un état monarchique, c'est l'absence de cette succession permanente. Lorsqu'un roi meurt, l'intervalle qui règne entre sa mort et son remplacement est toujours dangereux. (On voit que je suppose une monarchie élective.) Les intrigues se mêlent à l'élection, et font de l'interrègne un moment toujours critique au bien et à la sûreté de l'état.

Pour prévenir de pareils malheurs, on a rendu

avec raison les couronnes héréditaires, c'est-à-dire que les destinées des peuples ne sont plus mises en problème. L'expérience des siècles prouve combien ce mode naturel de transmissilité est conservateur. Je sais bien qu'il arrive quelquefois que la couronne passe à un enfant ou à un imbécille. Si les hommes avaient la sagesse en partage, et qu'ils voulussent être éclairés par sa bienfaisante clarté, il est certain que la couronne élective paraîtrait préférable, du moins sous le rapport frivole des amours-propres; mais comme cette supposition de haute sagesse est un roman, il faut, de toute nécessité et sous peine de mort pour le corps politique, une monarchie héréditaire de mâle en mâle et par ordre de primogéniture.

Sous un gouvernement monarchique constitutionnel et bien établi, on n'a pas à redouter le fléau de l'interrègne, à cause de la responsabilité des ministres. C'est à l'Angleterre que nous devons la création de ce système de gouvernement. En effet, on a pu remarquer que, depuis la révolution de 1688, il y a une tendance générale des peuples de l'Europe à faire subir à leur organisation politique deux grandes innovations, qui semblent se contredire l'une l'autre. Les Anglais ont été les premiers à reconnaître un roi *idéal* et un roi *réel*. C'est peut-être de cette contradiction apparente que sont nées les maximes constitutionnelles. Mais la *nécessité*, cette loi suprême, a toujours voulu qu'à travers les ténébreuses fictions gouvernementales le roi fût le véritable pouvoir social. Les nations se sont encore livrées à d'apparentes contradictions, en cherchant à élever les rois au-dessus de l'humanité, mais en même temps à limiter leur autorité par des gouvernemens constitutionnels. Ne pourrait-on pas trouver aussi, dans ce conflit de craintes et de besoins de garanties, une des causes de ces monarchies nouvelles dont le principe repose sur l'accord des trois pouvoirs. On se demande souvent quelle est la source de ces théories, nouvellement enfantées par l'esprit qui préside à ces grandes rénovations sociales, dont nous sommes les témoins : je crois pouvoir dire que l'on en trouvera le point de départ dans l'influence active des souvenirs des anciennes institutions romaines. C'est à elles, selon moi, qu'il faut attribuer la propagation antique des théories despotiques, et dont on trouve encore des traces dans beaucoup de constitutions européennes , ainsi qu'il faut attribuer la propagation des pratiques libérales à la féconde influence des institutions germaniques. Pour se convaincre de ces deux vérités, il faut remarquer que tous les pouvoirs se trouvaient réunis dans la personne des empereurs romains, dont le despotisme n'était nullement restreint, surtout lorsque les armées lui restaient fidèles. Rien alors ne pouvait résister à leur volonté souveraine. Les tribus germaniques, au contraire, avaient adopté en général les formes républicaines. Après la conquête de leur territoire par les légions romaines, elles furent dispersées dans ces vastes contrées qui sont à l'orient du Rhin. Parmi ces peuplades, beaucoup avaient été vaincues, et le pouvoir des chefs militaires s'étendit naturellement en s'appuyant sur les maximes despotiques des lois romaines. Il n'en fallut pas davantage pour qu'il acquît une grande force, et le besoin de se prêter un mutuel secours fit que les peuples se rallièrent par instinct à un centre d'action. Voilà l'origine des états monarchiques de l'antique Germanie, qui avaient eu à leur naissance le gouvernement démocratique.

La force des choses nous mène constamment

vers la pente monarchique, comme celle qui nous offre évidemment le plus de garantie de bonheur présent et à venir. Portons tous nos vœux et nos efforts à maintenir en France le principe sacré et conservateur de cette forme de gouvernement. Laissons à de vaniteux et oisifs idéologues à discourir pour savoir si le trône est ou non une propriété de famille, et, sans s'arrêter à des mots, il faut leur répondre; *oui, par nécessité*. Cette raison en vaut bien une autre, j'espère. Il est un fait; c'est que si l'équipage d'un navire envahit le gouvernail et en chasse le pilote, alors la discorde s'en mêle, et chacun voulant faire une route différente, le naufrage est inévitable.

Grâce à l'accomplissement de cette loi sacrée d'hérédité au trône, la France n'éprouvera aucune secousse; l'autorité souveraine, transmise sans interruption comme sans orage à ses successeurs, assure au peuple un règne de modération que fait naître aussi le sentiment de la sécurité, et procurera à notre belle patrie de longs jours de paix, de bonheur et de prospérité.

CHAPITRE VII.

Des gouvernemens mixtes.

Il n'y a point, à proprement parler, de gouvernement mixte, puisqu'il faut un chef ou des magistrats.

On a souvent demandé quel était le meilleur gouvernement du mixte ou du simple. Cette question est fort difficile à résoudre; cependant je répondrai, comme je l'ai fait, lorsque j'ai parlé des diverses formes de gouvernement.

Le gouvernement simple est le meilleur, par cela même qu'il est simple; mais si la puissance exécutive ne dépend point assez de la puissance législative, il faut y remédier en divisant le gouvernement, et cette division, les rendant plus dépendantes les unes des autres, prévient l'usurpation.

On peut encore y remédier en établissant des magistrats qui servent de balance; alors l'état est composé ou mixte.

Mais toutes ces définitions ne sont utiles à connaître que pour avoir une idée générale de toutes les divisions dont sont susceptibles les systèmes de gouvernemens; il est même comme im-

possible que la simplicité puisse exister, car son
unité doit être infailliblement rompue dans quelques branches de l'administration.

CHAPITRE VIII.

*Que toute forme de gouvernement n'est pas propre à
tout pays.*

L'illustre Montesquieu a dit une grande vérité
lorsqu'il a avancé *que la liberté n'étant pas un
fruit de tous les climats, n'est pas à la portée de
tous les peuples.* Plus on médite cet axiôme, plus
on découvre de nouvelles preuves qui viennent à l'appui de sa véracité.

Ce qui constitue l'existence de l'état civil est
le superflu du travail de ses membres, car c'est le
superflu des particuliers qui produit le nécessaire du public; mais il ne peut se trouver dans
tous les pays, les climats n'étant pas les mêmes.
Tel pays qui abonde de productions utiles à la
consommation, a pour voisin un peuple pauvre,
dont le sol ingrat ne suffit pas à sa nourriture.

D'un autre côté, les gouvernemens varient,
car il y en a de plus ou moins dévorans. La
cause de cette différence est dans la bonne

ou mauvaise répartition des contributions ; c'est-à-dire lorsqu'elles s'éloignent plus ou moins de leur source.

Ce n'est pas la quantité d'impositions qui chargent le peuple, mais le chemin quelles ont à parcourir avant de rentrer dans les mains dont elles sont sorties. C'est donc à l'activité qui règne dans la circulation du signe monnétaire qu'on peut connaitre la prospérité d'un état. Si au contraire le peuple donne toujours, et que rien ne lui revienne , les finances sont bientôt épuisées. Il suit de là que plus la distance est grande entre le gouvernement et le peuple , plus les impôts sont onéreux. Le gouvernement monarchique est donc celui, dit Jean-Jacques , où les citoyens ont le plus de charges. Cette forme ne peut convenir par conséquent qu'à un peuple puissant par ses productions et sa population. Il me semble que cette conséquence de Rousseau est forcée ; car rien ne prouve que dans les états monarchiques, le peuple soit plus accablé d'impôts que sous un autre gouvernement. Il avait oublié sans doute, lorsqu'il traça ce paradoxe, les affreuses vexations qu'éprouvent journellement les peuples esclaves qui gémissent sous le joug des pachas et autres tyrans des états despotiques. Rousseau se ressent toujours de ses opinions démocratiques , filles de la religion calviniste , dans laquelle il était né ; mais avant que d'être narrateur, il faudrait être juste et impartial.

Il y a cette énorme différence entre les états monarchiques et les états libres, dit Roussseau : « les premiers sont misérables parce que le des- « potisme ne pourrait subsister sans cela ; dans « les seconds, tout s'emploie pour la prospérité « commune. »

Je n'ai pas besoin de faire sentir toute la fausseté d'un tel raisonnement. C'est comme s'il disait qu'il n'y a d'heureux et de libres que les états républicains. Tout ceci nous prouve que le génie et le talent marchent souvent avec l'esprit de partialité. Je crois que la poule au pot du bon Henri valait bien la bouillie noire de Licurgue.

Chaque climat demande donc une forme particulière de gouvernement. Dans un pays stérile, il ne doit y habiter que des sauvages ; dans celui qui ne produit que le strict nécessaire, il doit être habité par un peuple barbare (sous le rapport seulement de la civilisation), car la police y deviendrait inutile. Les pays où le superflu est peu de chose conviennent aux peuples libres, et ceux où le superflu du produit est considérable demandent un état monarchique.

En consultant le climat (et l'expérience le prouve), les pays chauds sont toujours gouvernés despotiquement. Les pays froids sont barbares, et les intermédiaires sont libres. La raison en est dans l'effet que produit le climat, absorbant les uns par la trop grande chaleur, et donnant aux autres une constitution robuste qui les rend propres à l'indépendance.

Une preuve non équivoque que les climats chauds sont propres au despotisme, c'est la grande surface qu'occupent dans ces régions une petite population, laquelle se trouvant éparse, favorise par conséquent la tyrannie des chefs.

Il n'en est pas de même dans les climats tempérés, où les peuples plus rapprochés peuvent se réunir avec promptitude et se concerter pour résister à l'oppression. «Il est donc vrai de dire que «l'avantage d'un gouvernement despotique est «d'agir à grandes distances. Les pays les moins «peuplés sont ainsi les plus propres à l'esclavage. «Les bêtes féroces ne règnent que dans les déserts.»

CHAPITRE IX.

Des signes d'un bon gouvernement.

Demander quel est le meilleur gouvernement, est une question impossible à résoudre, puisque nous venons de voir que la forme dépend du climat et de la localité. Mais demander quel est le signe où l'on connaît si un peuple est bien ou mal gouverné, c'est une solution aisée à donner.

Plusieurs publicistes ont voulu le déterminer, et tous sont tombés dans les erreurs les plus grossières. La nature porte avec elle ces signes certains, car il est des données auxquelles il est facile de les reconnaître. Je partage parfaitement l'opinion de Jean-Jacques à cet égard, c'est-à-dire que c'est à la plus ou moins grande population qu'on doit voir si un peuple vit heureux ou dans l'adversité (sans avoir toutefois besoin d'aucun secours étranger). En effet, tout peuple qui se multiplie est nécessairement opulent, ou du moinsdans l'aisance, par les produits de son territoire.

Les moyens de consommations augmentant, le mettent dans l'heureuse situation de pouvoir se passer de l'assistance de ses voisins, et assure l'indépendance de son existence qui seule constitue sa prospérité.

Par la même raison, tout peuple qui dépérit est le plus mal gouverné, car l'effet de son organisation va en sens inverse de son institution qui, primitivement, a toujours pour but la conservation et le bonheur.

On reconnaît encore comme un des signes certains d'un bon gouvernement, lorsqu'il éloigne les *banquiers* de la politique. Ces gens là sont toujours de trop. Ayant, avant tout, besoin de lucre, ils corrompent nécessairement les saines idées, et font que la raison ou le bon droit a toujours tort devant le coffre fort. Tout ce qui assure ou augmente la fortune est à leurs yeux très légitime. Depuis plusieurs années surtout, la France a commis la mortelle faute d'avoir mis des hommes à argent dans les affaires du gouvernement. Comment n'a-t-on pas vu que ces prêteurs sur gages, ces juifs politiques en un mot, sont, pour ainsi dire, étrangers à la patrie. Peu leur importe une révolution, car, dès le lendemain de son explosion, ils vont la saluer et lui offrir leurs services. Ils trafiquent constamment sur les suites des émeutes, et même des guerres civiles.

Véritables marchands cosmopolites, leur patrie est la bourse, et le bazar de chaque capitale est pour eux le monde.

Ne pourrais-je pas ajouter, quoique à regret, que l'indifférence publique pour l'injustice tient essentiellement à l'invasion de la banque dans la politique. Si le désordre s'est établi dans les idées, c'est que la banque a remplacé la morale. Si l'Europe veut échapper au danger imminent qui la menace, qu'elle fasse reparaître les notions de droiture, et que les juifs fassent exclusivement leurs propres affaires. Les souverains n'ont-ils pas des ministres responsables pour faire les leurs, et il n'est nullement dans l'ordre des convenances que la fortune des empires soit enfermée dans la caisse des *banquiers*.

C'est ici le cas de se demander, ou jamais, pourquoi les rois de l'Europe traitent, en effet, avec des hommes à argent comme avec une puissance légalement constituée. Il semble, en vérité, qu'on ne reconnaît aujourd'hui d'autre vertu que celle de l'industrie. Cependant la nature ne nous a pas éclairé pour que cette idole du jour nous fît la loi. Sans doute que l'industrie d'une nation peut suppléer au manque ou à la petitesse du territoire ; mais elle seule ne constitue pas , bien s'en faut, la force et la richesse d'un peuple. Avant elle nous devons placer le travail et le produit du sol. Oui, je le dis hardiment, le cultivateur est le premier homme de l'état. Le propriétaire foncier est le vrai Français, et l'on doit dire avec le grand homme qui dompta l'Europe : *Ces gens-là ne veulent pas que le sol tremble.* Napoléon avait raison ; aussi chercha-t-il à rallier à son système de gouvernement les grands propriétaires comme offrant seuls de véritables garanties de prospérité durable et de paix publique.

Néanmoins, on aurait tort de croire que je regarde exclusivement le propriétaire du sol comme le seul homme animé de louables sentimens patriotiques. Je sais qu'il existe en France d'honorables industriels, qui vivifient leur pays en procurant du travail aux classes indigentes qui les environnent. Honneur à ces estimables citoyens, la reconnaissance publique leur est acquise ; mais je trouve fort déplacé, je le répète, qu'on ne s'occupe uniquement que de l'industrie ; source d'où découle le poison d'un luxe au-dessus de nos ressources, pour laisser dans l'oubli l'agriculture, cette mère nourricière des peuples. Un agriculteur, instruit de la science du gouvernement, me semble offrir plus de garantie à la prospérité publique que le monopoleur à combinaisons exclusives de banque.

CHAPITRE X.

De l'abus du gouvernement et de sa pente à dégénérer.

De même que la mort détruit le corps de l'homme, le corps social a des vices qui assurent sa perte. La volonté particulière agit constamment contre la volonté générale, ainsi que le gouvernement envers la souveraineté. La constitution s'altère à raison que cet effet devient considérable, et n'existant point de volonté qui puisse balancer celle du gouvernement ou du prince, ce dernier, tôt ou tard, usurpe des droits, qui essentiellement ne peuvent appartenir qu'à la souveraineté du peuple.

Il existe deux moyens certains par lesquels un état dégénère; le premier, quand il se resserre, le second, quand il se dissout.

1º Un gouvernement se resserre, quand il passe de la démocratie à l'aristocratie, c'est-à-dire du grand nombre au petit, et de l'aristocratie à la royauté. C'est là la pente naturelle qui caractérise la décadence de tous les états. Pour s'en convaincre, il ne faut que consulter l'histoire des anciens peuples. Si, au contraire, l'état passait du gouvernement du petit nombre au grand, alors il se relàcherait, et cette marche inverse ne peut être de longue durée. L'histoire de la révolution française est une preuve non équivoque de cette grande vérité. L'impéritie et la plus affreuse corruption avaient avili la cour, dont le chef néanmoins (Louis XVI) était le plus honnête homme de son royaume. Une révolution devait nécessairement avoir lieu chez un peuple déjà vieux, et nous montrer le tableau de toutes les horreurs dont est susceptible une nation long-temps privée de l'exercice de ses droits les plus sacrés. L'ombre d'un gouvernement populaire a remplacé celui d'un roi, et l'état, allant ainsi en rétrogradant, ne pouvait subsister sous une telle forme. L'époque du 18 brumaire a détruit par la force et par le génie ce que la raison réprouvait depuis plusieurs années.

Il était, en effet, impossible que cela n'arrivât pas ainsi. Le gouvernement changeant de face, il fallait que son ressort fût usé, et que sa faiblesse le mît dans l'impossibilité de pouvoir conserver son ancienne forme. Des actes éclatans de la reconnaissance publique furent donnés au jeune héros des pyramides de Memphis, dont la prévoyante philosophie arracha les destinées de la France des mains inhabiles de cinq misérables directeurs, ainsi qu'aux pitoyables harangues d'un corps législatif dont la faiblesse faisait sacrifier les intérêts de la patrie à de puériles coteries de tribune.

Il sera facile au lecteur de remarquer avec quel empressement je saisis toutes les occasions qui se présentent pour témoigner mon admiration à la mémoire de l'illustre exilé de Ste-Hélène. Quel est l'homme de bonne foi qui ne conviendra pas avec moi qu'il a immortalisé le nom français soit par l'éclat de ses armes, soit par son génie administratif. On n'oubliera jamais en France que c'est à lui que nous sommes redevables de notre célèbre code civil, monument si envié des nations voisines.

2° Un gouvernement se dissout, quand le prince, usurpant la souveraineté, dirige les affaires de l'état selon ses caprices. Alors le pacte social est entièrement rompu; l'intérêt du peuple n'est compté pour rien, et l'état tombe dans l'anarchie, signe toujours certain de la plus affreuse décadence.

CHAPITRE XI.

De la mort du corps politique.

« Le corps politique, aussi bien que celui de
« l'homme, dit Rousseau, commence à mourir
« dès sa naissance, et porte avec lui-même les
« causes de sa destruction ». En effet, la vie politique étant dans le corps législatif, l'état ne subsiste que par lui ; ses membres doivent donc avoir pour but de faire des lois basées sur la justice, et qui soient sanctionnées par le peuple avec enthousiasme ; si le contraire arrive, elles s'affaiblissent, et l'état dès-lors cesse de vivre. Français qui depuis quarante-cinq ans avez été témoins des vaccillations du corps politique, reconnaissez la cause de sa décadence dans l'absence de tous les principes sociaux. Empruntant un éloquent langage, je dirai que la plaie du siècle, le danger du présent, l'écueil de l'avenir peut-être, c'est la décadence morale et intellectuelle des hautes classes de la société. A part

14

quelques grandes et honorables exceptions, les
plus beaux noms de la monarchie ne se portent
plus, ils se traînent. La supériorité est séparée
de l'aristocratie; celle-ci est restée dans les hautes classes ; celle-là est descendue plus bas : il
n'existe plus par conséquent cette émulation
d'esprit de famille qui faisait qu'elles se respec-
taient dans leurs membres ; malheur immense,
immense péril, source toujours ouverte de révolutions ! Dans le temps où nous sommes, on
ne peut plus se faire pardonner les avantages
dus au hasard que par l'ascendant du mérite
personnel, et cependant les hautes classes sociales s'endorment dans une vie de loisir et de sécurité. On dirait que ces échappés de grand nauf-
frage ne songent plus qu'à bercer les jours de
calme qui leur restent dans les illusions d'une
douteuse félicité, sans songer que, par ces temps
de déluge, la mer se montrera un jour à leur
porte, et viendra chercher les victimes qui
avaient cru qu'en oubliant elles se feraient oublier.

Ce n'est plus assez maintenant d'avoir conservé cette civilisation élégante et polie de l'ancienne société française, sur laquelle la révo-

lution de 93 avait jeté à la volée sa pesante et dégoûtante carmagnole ; ce n'est plus assez d'avoir réhabilité la gravité des mœurs et la sainteté du foyer domestique que le siècle de Louis XV avait mises à l'encan. Oh ! si nous avions cette éloquence persuasive et cette puissance de langage dont les cœurs sont touchés ; si nous pouvions dérober à l'auteur d'Emile, ce merveilleux enchanteur des âmes, la magie de sa parole qui vibre à l'oreille comme la voix d'un ami, je dirais aux hautes classes de la société de sortir de cette pesante léthargie, de reprendre un généreux élan, de l'action, une nouvelle vie même, sous peine d'essuyer le sanglant reproche de s'entendre merveilleusement à perdre gaiement un royaume.

CHAPITRE XII.

Comment se maintient l'autorité souveraine.

Le souverain n'a évidemment d'autre force que celle de la puissance législative ; les actes de cette autorité sont les lois, qu'on doit, ainsi que je l'ai déja dit, définir : *les expressions de la volonté générale.* Le souverain ne peut donc agir si le peuple n'est assemblé en entier. Si néanmoins cela ne se voit plus, n'en accusons que nos vices; car les peuples les plus célèbres se sont gouvernés ainsi : les hommes et les principes sont toujours les mêmes. Rousseau dit avec raison : « Les âmes basses ne croyent point aux grands « hommes; de vils esclaves sourient d'un air « moqueur à ce mot de liberté. »

La distribution topographique des états ne permet pas, me dira-t-on, de s'assembler dans un même lieu faute d'espace; cependant la république romaine avait pour bornes celles de l'univers, et les affaires se décidaient au champ-de-mars ou au forum. Le peuple s'y rendait plusieurs fois par semaine, y exerçait ses droits de citoyen, et souvent celui de magistrat. D'une chose qui a été, et d'une chose possible encore, qu'elle difficulté peut-on présenter.

<hr>

CHAPITRE XIII.

Suite.

Il est nécessaire qu'entre les assemblées extra-ordinaires, il y en ait de périodiques, car il ne suffit pas que le peuple se soit assemblé une fois pour accepter ou rejeter la constitution de l'état.

Il serait impossible de fixer les retours de ces assemblées périodiques, parce qu'elles dépendent des délibérations utiles à l'état, qu'on ne peut prévoir; mais il faut observer aussi que plus le peuple se réunit, plus le corps social a de force. Rousseau aurait dû ajouter : et moins il s'entend !

Pour réduire l'état à de justes bornes, il y a un moyen bien efficace à employer, c'est de ne point souffrir de capitale. En effet, j'ai prouvé précédemment qu'elles étaient essentiellement nuisibles à l'état, parce qu'elles attirent vers un seul point l'abondance et les richesses, et par conséquent une grande partie de la population.

Peuplez donc également le territoire; que les droits soient partout les mêmes, vous verrez que l'état deviendra florissant et sera bien administré. « Souvenez-vous, dit Rousseau, que les « murs des villes ne se forment que du débris des » maisons des champs. A chaque palais que je « vois élever dans la capitale, je crois voir en ma- « sures tout un pays. »

CHAPITRE XIV.

Suite.

Dès l'instant que le peuple est assemblé en corps, le gouvernement est dissout, (je n'ai pas besoin de rappeler que Rousseau entend par gouvernement le pouvoir exécutif), car le gouvernement et le gouverné ne peuvent exister en même temps dans la même personne.

Si Rome a eu pour une des causes de sa décadence les tumultes qui s'élevèrent parmi les citoyens réunis pour les délibérations, c'est que ce principe fondamental fut oublié, ou , pour mieux dire, l'intérêt et l'ambition en empêchêrent l'exécution. Les consuls à Rome n'étaient dans ce moment que les présidens de l'assemblée , les tribuns , les orateurs du peuple , et le sénat n'était rien.

Il est à remarquer que ces assemblées du peuple ont toujours été en horreur pour les chefs de parti, ou pour les despotes. Ces assemblées sont, en effet, la sauvegarde des droits du peuple. Mais ce dernier est corrompu s'il préfère la molesse à l'activité , et son repos à la liberté ; il est perdu sans ressource, car la force résistante du gouvernement augmentant en raison de sa faiblesse, il se trouve bientôt dans les fers, et l'état avili ne connaît d'autres lois que celles de ses bourreaux.

Mais il existe quelquefois un pouvoir moyen entre le gouvernement arbitraire et l'autorité souveraine ou légitime. Il est nécessaire de la faire connaître, puisqu'elle est établie pour mettre un frein au despotisme, et assurer au peuple l'exercice des droits immuables qu'il a reçu de la nature.

CHAPITRE XV.

Des députés ou représentans.

Lorsque un état est bien constitué, les affaires publiques l'emportent toujours sur les particulières. Chacun s'empresse de se rendre aux assemblées, tandis que, sous un mauvais gouvernement, nul ne veut faire la moindre démarche, ni le plus petit sacrifice pour le bien général. Dès que cela arrive, on peut regarder la perte de l'état comme certaine, et le mal est sans remède.

J'ai déjà prouvé à différentes reprises que la souveraineté était un être moral. Elle ne peut donc être représentée, et ne peut de même être aliénée. Les députés ou représentans du peuple ne représentent point la souveraineté, mais ils ne sont que ses commissaires, ne pouvant rien conclure. Il suit de là que toute loi qui n'a point été approuvée par le peuple assemblé, n'est pas une loi.

Les peuples qui veulent être libres doivent faire eux-mêmes leurs lois, comme le seul moyen d'assurer leur indépendance. Aussitôt que l'insouciance l'emportera, on nommera des députés, et ce sera autant de maîtres qu'on se donnera. C'est ce qu'on a fait en France depuis le commencement de la révolution. J'en appelle à tous ceux chez qui le plus noble désintéressement n'a point étouffé les sentimens d'humanité : est-il vrai que nous ayons joui d'une véritable liberté ; et n'a-t-elle pas servi de prétexte dans les temps orageux des premières années de nos désordres, pour se porter aux crimes les plus horribles ? Cela prouve donc qu'à ces époques sanglantes, la France s'était donnée de vrais tyrans, croyant ne s'être donné que des mandataires. Heureusement que la marche actuelle des affaires ne ressemble en rien à ces temps calamiteux de la prétendue république une et indivisible.

La nomination des représentans est moderne, elle prend sa source dans le régime féodal, «dans «ce régime, dit Rousseau, où l'espèce humaine «était dégradée, et où le nom d'homme était un «déshonneur. »

Les anciennes républiques n'ont jamais eu de représentans ; aussi ont-elles été dignes de porter le nom d'états libres. Cependant, je voudrais que Jean-Jacques nous eût enseigné le moyen de réunir tous les Français dans un même lieu, comment ils auraient pu y vivre, et comment enfin ils auraient fait pour s'entendre. Le pauvre Rousseau a toujours vécu d'illusions, et lorsqu'il a écrit son Contrat Social, il se croyait encore dans sa petite république de Genève. Les hommes les plus instruits font aussi leurs romans.

La loi étant évidemment l'expression de la volonté générale, le peuple ne peut donc pas être représenté par la puissance législative. Il n'en est pas de même de la puissance exécutive qui n'est que la force appliquée à la loi. Les magistrats sont les mandataires du peuple, chargés de mettre sa volonté à exécution.

L'expérience nous prouve et nous prouvera

que ces grandes vérités sont bonnes en elles-mêmes, comme principe, mais impossibles dans leur exécution.

Il est malheureusement trop vrai de dire que la liberté, chez certains peuples, ne peut exister qu'aux dépens de l'esclavage de ses voisins : Sparte nous en donne l'exemple. Les deux extrêmes se touchent, et les inconvéniens dont la nature et la société civile sont susceptibles ne peuvent être balancés que par d'autres.

D'après les mœurs actuelles et la situation des peuples, il est impossible qu'une nation se conserve libre, si elle ne se renferme dans des bornes très étroites. On croira peut-être que sa faiblesse la mettra dans le cas d'être subjuguée; l'on se trompe. Il est de l'intérêt des grandes puissances de conserver l'indépendance des petites républiques. C'est chez elles qu'habitent l'énergie avec la liberté, et les états qui comptent dans la balance politique y trouvent toujours des débouchés ou d'autres secours. Les républiques suisse et ci-devant de Venise viennent confirmer ce que j'avance. Si la dernière a cessé d'exister, n'en accusons que les lois de la nature qui ont une marche uniforme et constante. Lorsque la

période est arrivée, il faut rétrograder. Je ne
parle point de la Suisse ; son existence me paraît
encore un problème dans le moment où j'écris;
mais je crois qu'il est de l'intérêt de la France de
la rendre à son ancienne indépendance, pourvu
toutefois qu'elle ne serve pas de foyer aux idées
de propagandes révolutionnaires. Je pense que
le seul moyen de calmer l'agitation qui règne
dans ces riantes vallées, c'est de restituer franchement à ses loyaux habitans la forme de gouvernement qu'ils avaient acquis au prix de tant
de sang et de sacrifices. L'ombre héroïque de
Guillaume-Tell apparaît constamment aux enfans de ceux qui partagèrent sa gloire et ses pé-
rils.

CHAPITRE XVI.

*Que l'institution du gouvernement n'est point un
contrat.*

D'après le Contrat Social, les citoyens sont tous
égaux. Chacun a donc un droit égal de faire ce
que les autres font, et a le droit de ne pas faire ce
dont un autre se dispense. C'est ce droit nécessaire à l'existence du corps politique que le peu-

ple donne au prince en établissant le gouvernement.

On a prétendu que cet acte de l'établissement du corps social était un contrat fait entre le peuple et ses chefs. Il est aisé de se convaincre combien un pareil raisonnement est absurde, car, premièrement, la magistrature est temporaire ou à vie, selon la volonté du peuple. Secondement, il est impossible de présumer que le peuple se donne des maîtres volontairement. D'ailleurs, la souveraineté ne peut être modifiée, et la limiter, c'est la détruire. D'un autre côté, les parties ne pourraient avoir aucune garantie de leur contrat, étant dès-lors sous l'empire de la seule loi de la nature.

Il n'existe donc d'autre contrat que celui de l'association générale. Tout autre, fait entre deux parties contractantes de ce même tout, serait évidemment une violation du premier.

CHAPITRE XVII.

De l'institution du gouvernement.

Il faut considérer sous deux points de vue l'acte par lequel le gouvernement est institué.

Le premier est l'*établissement* de la loi, le second l'*exécution* de la loi.

Le premier de ces actes ordonne l'établissement du gouvernement sous telles ou telles formes ; le second nomme les membres appelés à faire exécuter les lois. Ce dernier n'est pas une loi, mais un acte de magistrature ou de gouvernement, faisant suite au premier.

Le gouvernement démocratique jouit seul de l'avantage précieux (selon Rousseau) de pouvoir recevoir son institution par le simple acte de la volonté générale. Toute autre manière d'instituer le corps politique est vicieuse, puisqu'elle a pour base l'absence des vrais principes sociaux.

CHAPITRE XVIII.

Moyen de prévenir les usurpations du gouvernement.

D'après ce que j'ai prouvé par le chapitre XVI, que l'acte qui institue le gouvernement n'est point un contrat, mais une loi, il s'ensuit que les magistrats chargés de l'exécution des lois ne sont que les officiers du peuple, qu'il peut répudier à sa volonté, ne faisant en cela que remplir les devoirs de citoyens sans avoir l'initiative de disputer sur les conditions.

Ainsi, quand le peuple institue une forme de gouvernement quelconque, il ne prend aucun engagement, pouvant, quand il lui plaira, (dit toujours Rousseau) en établir un autre. Mais il faut observer (ajoute-t-il) qu'il est très-dangereux de changer la nature d'un gouvernement s'il n'est pas entièrement contraire aux intérêts du peuple.

Jean-Jacques a raison dans sa dernière phrase. Mais quels sont les juges pour prendre la haute initiative de décider si le gouvernement existant convient ou ne convient pas au peuple, et si ses intérêts sont blessés ou ne le sont pas. Dire qu'un peuple a le droit de changer la forme de son gouvernement, c'est ouvrir évidemment la porte à toutes les révolutions possibles, si je puis m'exprimer ainsi. Il se trouve toujours des intrigans qui veulent, soit par orgueil ou par cupidité, jouer un rôle dans le monde politique, et sous le spécieux prétexte d'améliorer les positions chez les classes pauvres surtout, les poussent au changement, qui est synonyme de désordre. La révolution française ne laisse aucun doute sur cette auguste et triste vérité.

Jean-Jacques ajoute qu'on doit surtout observer avec soin dans de pareils cas si c'est réellement le vœu bien prononcé du peuple qui demande un nouvel ordre de choses, ou si ce n'est qu'une faction que le seul intérêt fait agir. C'est dans de pareilles circonstances que le prince tire tout le parti possible de son autorité, car, sous le prétexte d'empêcher le désordre, il met un obstacle aux assemblées légitimes, où il serait discuté avec sagesse s'il est nécessaire ou non d'apporter des modifications dans le gouvernement. C'est ainsi que les décemvirs voulurent conserver à perpétuité l'autorité souveraine à Rome, et c'est aussi le seul moyen qu'emploieront tous les gouvernemens passagers pour s'emparer de la puissance absolue. Mais Rousseau est ici en contradiction avec lui-même. Il reconnaît donc qu'un système collectif de gouvernement est impossible quant à sa durée, puisqu'il dit que « c'est par ce facile « moyen que tous les gouvernemens du monde, « une fois revêtus de la force publique, usur- « pent tôt ou tard l'autorité souveraine ». Il est donc vrai de dire que le gouvernement monarchique est le seul qui offre aux nations le grand et précieux avantage de la garantie de stabilité. Le Contrat Social est sans doute un des chefs-d'œuvre de l'esprit humain; mais on ne doit le considérer attentivement que sous le rapport théorique, car dans le fond, c'est, j'ose le dire, un livre dangereux entre les mains de la jeunesse. Il est d'autant plus séduisant que les nombreux paradoxes qu'il renferme sont présentés avec ce charme et cette puissance de style dont la plume de Jean-Jacques avait seule le secret.

Les assemblées périodiques dont j'ai déjà parlé sont le meilleur mode à suivre pour prévenir un si grand abus. Le prince ne peut s'y opposer sans violer trop ouvertement le contrat social, et faire naître des troubles intérieurs, toujours funestes à la prospérité de l'état.

Il y aurait deux questions principales à traiter et à renouveler constamment dans ces assemblées. La première serait de savoir : « S'il « plaît au souverain ou peuple de conserver la « présente forme de gouvernement;» la seconde: « S'il plaît au peuple d'en laisser l'administra-« tion à ceux qui en sont actuellement chargés.»

Comme Français dévoué avant tout à l'ordre

public, je fais des vœux pour que jamais ma belle ne patrie se trouve dans cette cruelle initiative. Ce serait la source d'interminables révolutions, et un aliment aux cupides ambitions de beaucoup de nos philosophes du jour.

LIVRE IV.

OU CONTINUANT DE TRAITER DES LOIS POLITIQUES, ON EXPOSE
LES MOYENS D'AFFERMIR LA CONSTITUTION DE L'ÉTAT.

CHAPITRE I.

Que la volonté générale est indestructible.

Lorsque plusieurs hommes se réunissent pour le même but, ils ne font qu'un seul corps ; alors toutes les volontés particulières n'en forment qu'une, et le principe de son existence est le bien général. L'union en effet fait la force. Tous les ressorts de l'état acquièrent sans cesse de nouveaux moyens qui donnent au corps social la plus grande énergie. Les maximes de gouvernement se développent avec plus de clarté ; les intérêts sont les mêmes, et agissent de concert en faveur de l'état.

L'union, la paix cimentent les douceurs du bon ordre établi dans l'intérieur, et ces préceptes de ruse et d'étiquettes sont à jamais bannis d'une société dont la bonne foi jointe à la bravoure font la base.

Dans son amour philantropique, Rousseau s'écrie : « Quand on voit chez les plus heureux « peuples de la terre des troupes de paysans ré- « gler les affaires de l'état sous un chêne, et se « conduire toujours sagement, peut-on s'empê- « cher de mépriser les raffinemens des autres « nations qui se rendent célèbres et méprisables « avec tant d'art et de mystère. »

Voilà le beau idéal du bon Jean-Jacques en fait de gouvernement. L'histoire nous apprend que le pieux Saint-Louis rendait la justice à ses sujets, assis sous un chêne de la forêt de Vincennes ; mais j'avoue mon ignorance quant à l'existence du peuple dont il vient de parler, à moins qu'il n'ait voulu désigner, sans les nommer, quelques peuplades du nouveau monde, inconnues aux nations européennes. Il serait possible que sa main eût tracé les vœux secrets de son cœur avec cette bonne foi et cet amour sincère qu'il possédait pour le bonheur de ses semblables.

Un peuple qui se gouvernerait ainsi n'aurait besoin que de très peu de lois. Lorsqu'on sentirait la nécessité d'en émettre une nouvelle, alors celui qui la proposerait exprimerait dans l'as-

semblée ce que chaque membre aurait déjà senti.
C'est l'effet que produit le vrai patriotisme, de
faire germer dans tous les cœurs la même se-
mence dont le fruit peut être utile à la patrie.
Mais quand au contraire cette intimité qui faisait l'union parmi les membres commence à se
relâcher; lorsque l'intérêt privé l'emporte sur
l'intérêt général, alors celui du bien public
cesse ou s'altère; la volonté générale n'existe
plus, et les divisions s'élèvent.

Quand le lien social est entièrement rompu,
et que l'état, tombant en ruine, ne vit plus que
par de vaines formules, alors la volonté publique est paralysée. Ce ne sont plus les motifs de
bien général qui font naître les opinions, et l'on
appelle loi ce qui n'est que le moyen que se
procurent des vampires pour déchirer le sein
de leur patrie. Puissent ces principes être le
partage des hommes appelés dorénavant à gouverner l'état; ils nous assurent un puissant
préservatif contre l'intérêt sordide et la turbu-
lente bureaucratie dont nous avons éprouvé de
si funestes effets.

CHAPITRE II.

Des suffrages.

Il suit de ce que je viens de dire au chapitre précédent que la plus ou moins grande unanimité fait connaître la santé du corps politique. Le tumulte et la division annoncent son dépérissement.

Il arrive quelquefois que le grand mal qu'éprouve l'état produit une unanimité dans les suffrages. Ce cas, qui n'est point rare, se présente lorsque la nation abrutie par l'esclavage donne des acclamations à ses tyrans ; mais il faut remarquer que ces acclamations sont l'effet de la crainte ou de la flatterie.

Le sénat romain nous en donne un exemple sous le règne d'Othon, où il accabla d'injures Vittellius qu'il soupçonnait de vouloir parvenir à l'empire, et par le tumulte que firent les sénateurs en séance, ayant l'intention qu'aucun d'eux ne fût remarqué de l'empereur futur.

Il n'y a que le pacte social qui, par sa nature, exige un consentement unanime, car cet acte est le plus volontaire de tous, puisque nul ne peut avoir le droit d'assujettir quelqu'un sans son con-

sentement ; et, comme l'observe Rousseau, « dé-
« cider que le fils d'un esclave naît esclave, c'est
« décider qu'il ne naît pas homme. »

Hors le contrat primitif de l'association , la volonté du plus grand nombre l'emporte sur celles
qui forment opposition pour un sujet quelconque. Mais, me dira-t-on, ces citoyens ne sont
donc point libres? Je répondrai d'abord que la
question est mal posée. En effet, tout homme
n'est citoyen que par le vœu général de l'association civile. La majeure partie des volontés
forme la volonté générale, puisque c'est par elle
qu'ils sont libres. Aussi Jean-Jacques a-t-il fait
une excellente observation en disant : « A Gênes
« on lit au devant des prisons et sur les fers des
« galériens ce mot : *Libertas*. Cette application
« de la devise est belle et juste. En effet, il n'y
« a que les malfaiteurs de tous ces différens états
« qui empêchent le citoyen d'être libre. Dans un
« pays où tous ces gens-là seraient aux galères,
« on jouirait de la plus parfaite liberté. »

Il faut observer que lorsqu'on propose une loi
dans l'assemblée du peuple, ce n'est pas pour savoir si la proposition lui convient, mais si elle
est approuvée par la volonté générale. Ainsi si

l'avis général l'emporte sur le mien, il ne s'ensuit pas que je sois privé de ma liberté, mais que
je m'étais trompé, puisque tous mes concitoyens
ont vu d'une manière différente.

Il y a deux modes généraux pour déterminer
les suffrages. Le premier est que lorsque les délibérations sont importantes, il est nécessaire
qu'il y ait unanimité, comme, par exemple, lorsqu'il s'agit d'une loi.

Le second est : si la délibération regarde une
affaire qui exige de la célérité, il faut employer
la majorité des suffrages.

CHAPITRE III.

Des élections.

Il y a deux voies pour procéder aux élections,
le sort et le choix. *Le suffrage par le sort*, dit
Montesquieu, *est de la nature de la démocratie.
Le sort est une façon d'élire qui n'afflige personne;
il laisse à chaque citoyen une espérance raisonnable de servir la patrie.*

Je partage l'avis de Montesquieu. La voie du sort
est celle qui convient à la démocratie, puisque
l'élection des magistrats est une fonction de gou-

vernement et non de souveraineté. D'ailleurs, les actes d'administration y étant plus rares, elle en est par cela même meilleure.

Il faut encore observer que, dans une démocratie véritable, ce n'est point un avantage que d'être revêtu d'un emploi. Il ne peut donc y avoir que la loi qui puisse forcer un citoyen à exercer la magistrature, lorsque le sort en a décidé.

Dans un gouvernement aristocratique, c'est le prince qui choisit les magistrats. Alors on peut dire que le gouvernement se conserve lui-même. La voie des suffrages est la seule qui lui convienne.

Quant le choix et le sort se trouvent ensemble, il faut se servir du premier pour élire aux places qui demandent des talens acquis. Il faut se servir du second pour celles qui n'exigent que la probité et le bon sens, telles que la judicature, car, qu'on ne s'y trompe point, le meilleur juge est la conscience qui ne trahit jamais. Qu'il me soit permis de faire des vœux pour que les formes de la justice se simplifient. La vénalité a envahi plusieurs de ces hommes qui se sont voués à l'honorable profession d'avocat. Mais il faut être juste, et je m'empresse d'ajouter que ces fautes partielles sont bien rachetées par le généreux dévouement de beaucoup de ces prêtres de Thémis, qui se vouent gratuitement à la défense des opprimés avec autant de zèle que de talent. Au moment où je trace ces lignes, la chambre élective renferme des membres du barreau, dont le nom est une propriété française. Leur juste renommée (n'importe leur couleur politique), retentira dans l'espace. Respectons leur bonne foi ainsi que l'héroïsme de leurs sentimens, en faveur de la cause qu'ils ont embrassée avec la chaleureuse conviction qu'ils sont sur la seule voie qui doit assurer la félicité publique, leur idée fixe. Qui peut oublier que les mâles accens de quelques-uns de ces mandataires se sont toujours fait entendre comme émanations de l'intrépide défense de hautes infortunes, et de fidélité au malheur.

CHAPITRE IV.

Des comices romains.

Il est impossible de bien connaître les premiers temps de Rome. L'époque de sa fondation repose elle-même sur des conjectures. Les monumens qui pouvaient seuls nous donner quelques éclaircissemens manquent. Les preuves les plus certaines de l'origine primitive du peuple romain doivent être celles qu'appuient les plus grandes autorités, lesquelles prennent leur source dans les traditions éloignées que nous avons sur cette nation célèbre.

A l'époque de la naissance de la république, il se fit une grande division du peuple romain, en trois tribus, composées des *Albains*, des *Sabins et des étrangers*. La troisième fut la seule qui augmenta à cause du nombre des étrangers qui briguèrent le titre de citoyen romain.

Servius rémédia à cet inconvénient, et forma quatre tribus qui prirent leur nom des colines de la ville; enfin le peuple romain fut divisé en trente-cinq tribus, division qui subsista jusqu'à la fin de la république.

Il y avait les tribus *urbaines* et les tribus *rurales*. Il est à remarquer en l'honneur du nom romain que les tribus rurales furent les seules honorées ; c'est d'elles que sortirent les plus fermes soutiens de l'état. On connaît le goût des premiers Romains, dit Jean-Jacques, pour la vie champêtre. Ce goût leur venait du sage instituteur qui unit à la liberté les travaux rustiques et militaires, « et relégua, pour ainsi dire, dans « les villes, les arts, les métiers, la fortune et l'esclavage. » Ainsi tout ce qu'il y eut d'illustre à Rome vécut aux champs, et cultiva les terres.

Ce n'est pas sans raison, disait *Varron*, que nos magnanimes ancêtres établirent au village la pépinière de ces hommes robustes et vaillans qui les défendirent en temps de guerre, et les nourrirent en temps de paix.

Pline dit positivement *que les tribus des champs étaient honorées à cause des hommes qui les composaient; au lieu qu'on transférait par ignominie dans celles de la ville les lâches qu'on voulait avilir.*

Une des principales causes de la chute du peuple romain fut le droit que s'arrogèrent les censeurs de changer à leur gré les membres des tribus, de sorte que les urbaines qui se trouvaient le plus près, et qui étaient composées de la populace, l'emportèrent presque toujours dans les comices sur les tribus rurales.

Servius fit un nouveau partage du peuple; il le divisa en six classes. Les premières comprenaient les citoyens les plus riches; les secondes les plus aisés, et la sixième ceux qui n'avaient rien. Les membres de cette dernière classe ne pouvaient exercer aucun des droits de citoyen romain, et ne fournissaient même point de soldats aux armées. Cependant on fit dans la suite une distinction. Les premiers qu'on nommaient *prolétaires* n'avaient point tout-à-fait une existence nulle, car leurs enfans servaient quelquefois dans les armées ; les seconds qu'on appelaient *capite-sensi* étaient entièrement nuls. Ce fut Marius qui le premier les enrôla.

On appelait *comices* les assemblées du peuple qui se tenait dans la place de Rome, ou au champ-de-mars. Elles prenaient différens noms. Elles se nommaient comices par curies, comices par centuries, ou comices par tribus. Les premières furent instituées par Romulus, les secondes par Servius. Rien ne se faisait que dans les comices ; ainsi le peuple romain était bien véritablement souverain. Trois conditions étaient de rigueur pour rendre ces assemblées légitimes. La première, que les magistrats fussent revêtus de l'autorité nécessaire pour la convocation ; la seconde, que le jour où elle se tenait fût un jour permis par la loi; la troisième, que les augures fussent favorables; il faut remarquer que cette troisième condition servit plus d'une fois l'ambition du sénat, qui déclarait trouver les augures plus ou moins favorables, selon que l'exigeaient ses intérêts.

Ces assemblées prenaient diverses formes analogues au diverses matières qu'on y traitait. Pour en juger, il faut surtout observer que l'intention de Romulus, en établissant les curies, avait pour but de contenir le peuple par le sénat, et celui-ci réciproquement par le peuple. Cette balance politique fut une des belles institutions du fondateur.

Mais comme son système de gouvernement tendait à la monarchie, il donna plus d'influence aux patriciens sur les plébéiens, à cause du suffrage des clients que les premiers captivaient par la reconnaissance, le patron ou patricien se faisant un devoir de bien remplir envers ses cliens tous ceux de la paternité. Cette institution est encore un chef d'œuvre de politique, car elle balança les inconvéniens de l'inégalité des rangs par l'exercice des devoirs les plus sacrés que prescrivait l'humanité.

« Rome seule, dit Rousseau, a eu l'honneur

« de donner au monde le bel exemple duquel il
« ne résulta jamais aucun abus, et qui pourtant
« n'a jamais été suivi. » Il serait sans doute difficile de donner la véritable raison de ce funeste
oubli. Je crois qu'on pourrait peut-être la trouver dans les mauvaises institutions primitives,
et dont la contagion a absorbé toutes les autres
institutions fondées sur les principes généreux
auxquels donnent naissance de sages idées libérales.

Sous la république, les *curies* furent toujours
bornées aux quatres tribus urbaines. Ces dernières ne contenant que la lie du peuple, ne purent être d'accord avec le sénat qui était composé de patriciens ; aussi tombèrent-elles dans
le dernier degré d'avilissement.

Les *comices* par centuries étaient les seules favorables à l'aristocratie ; en effet, le peuple étant
divisé alors en six classes, et la première étant
entièrement composée des citoyens riches, com-
prenait à elle seule quatre-vingt-dix-huit centuries
sur cent quatre-vingt-treize qu'en renfermaient
les six classes. Les voix ne se comptaient que
par centuries ; aussi il est évident que ces assemblées devaient tôt ou tard donner au gouverne-

ment la forme aristocratique. Les censeurs et les consuls et autres magistrats curules étaient élus dans ces assemblées.

Les comices par tribus étaient convoquées par les tribuns. Le sénat n'y paraissait point. C'était dans ses assemblées que les tribuns y faisaient décréter les *plébiscites*. On peut dire avec raison que ces actes ne furent jamais légitimes, puisque tous les citoyens n'y étaient point généralement appelés. Mais cette irrégularité ne doit point étonner, quand on fera attention que l'institution des plébiscites fut l'ouvrage des tribuns, qui, jaloux du sénat et des patriciens, voulurent balancer ainsi leur autorité. Cette rivalité devait nécessairement produire le plus mauvais effet, en faisant naître la jalousie dans les ordres de l'état, et il n'est personne d'instruit qui ne sache que la décadence de la république romaine doit être attribuée à l'immobilité de son système de législation et à la désunion des classes patriciennes et plébéiennes.

Le mode qu'employaient les Romains pour recueillir les suffrages était fort simple. Chacun le donnait à haute voix. La pluralité des voix par tribus déterminait le suffrage de la tribu. La pluralité des voix entre les tribus déterminait le suffrage du peuple.

Il en était de même pour les curies et centuries. Cette manière était fort belle, et dura tant que le peuple eut assez de vertu pour se conserver libre; mais lorsque la vénalité s'en mêla et que les suffrages se vendirent, on employa la voie du scrutin.

Cicéron pense avec raison que ce changement à employer dans la manière de recueillir les suffrages fut une des causes qui hâta le dépérissement de la république.

Rousseau dit, au contraire, que les changemens n'ont point été assez fréquens, donnant pour preuve de son raisonnement que le régime des gens en bonne santé ne peut convenir à des malades. Il ajoute encore que la république de Venise ne devait son existence qu'au simulacre démocratique qui y subsistait; mais Rousseau tombe ici en contradiction avec lui-même, puisque le simulacre fut banni des assemblées du peuple romain, ce qui évidemment corrompit les citoyens, en faisant entrer dans leurs cœurs l'amour du gain qui est incompatible avec les sentimens qui caractérisent des hommes libres.

Un si funeste abus (la vente des suffrages) fut
cause que, sur les derniers temps de la république romaine, les lois étaient insuffisantes et for-
çaient le gouvernement à avoir recours à des expédiens extraordinaires qui, pour le moment,
peuvent être puissans, mais dont l'absurdité est
tôt ou tard dévoilée.

Malgré la grande corruption qui régnait dans
Rome, le peuple se rendait aux assemblées qui
n'étaient plus qu'un instrument d'ambition. Au
milieu de tant de vices, il réglait les affaires de
l'état. L'ombre de sa dignité ne subsistait alors
que par le souvenir de son ancienne énergie, et,
comme le dit Rousseau, «il ne laissait pas d'élire
«les magistrats, de passer les lois, de juger les
«causes, d'expédier les affaires particulières et
«publiques, presque avec autant de facilité
«qu'eût pu le faire le sénat lui-même.»

CHAPITRE V.

Du tribunat.

Il arrive souvent qu'on ne peut établir une
juste proportion entre les différentes branches
de l'administration publique. Il est essentiel

alors de créer une magistrature particulière, servant à lier les parties constitutives de l'état.

Cette magistrature, que j'appellerai *tribunat*, est le conservateur de la constitution et du pouvoir législatif. Il est l'intermédiaire entre l'autorité vexatoire du gouvernement et les droits du souverain. Souvent il force le peuple à ne pas sortir des bornes du respect qui est dû au gouvernement, et toujours il maintient l'équilibre de part et d'autre.

Le tribunat ne tient en rien à la cité. Il ne peut avoir aucune portion de l'autorité législative , ni exécutive ; et c'est cela même qui constitue sa puissance : car, « ne pouvant rien faire, il « peut tout empêcher. »

Le tribunat doit être tempéré pour qu'il puisse être le plus ferme appui d'une bonne constitution ; mais aussi, pour si peu de force qu'il ait de trop, il peut tout détruire. Rousseau écrivait long-temps avant la révolution française ; il avait toujours devant les yeux le tribunat romain : mais les temps sont bien changés.

On dirait en vérité que nos faiseurs de constitutions mirent en action ce chapitre du Contrat Social, lorsqu'ils enfantèrent celle de l'an 8 ou de 1799. Elle créait trois consuls, un corps législatif, un sénat conservateur et un tribunat. L'homme étonnant qui commençait à entretenir le monde de sa renommée, se vit forcé, peu de temps après l'établissement de cette constitution, de renvoyer le tribunat, comme étant devenu une arène de gladiateurs politiques. L'expérience nous a grandement démontré que, moins en France il y aura de corps délibérans, moins le gouvernement sera gêné dans sa marche. Le caractère français repousse en général tout ce qui est délibérant, comme dégénérant toujours en corps délirant, ainsi que je crois l'avoir dit précédemment.

Le tribunat dégénère en tyrannie quand il s'empare de l'autorité exécutive dont il est par sa nature le modérateur. Les *éphores* l'usurpèrent à Sparte lorsque le peuple fut corrompu, et son ambition perdit l'état. Les tribuns à Rome imitèrent les éphores, et leur usurpation faite au nom de la liberté publique servit dans la suite de prétexte aux empereurs pour la détruire à jamais.

Le conseil des dix, à Venise, n'était qu'un tribunal de sang, et qui, loin de protéger les lois, ne servait qu'à couvrir des crimes qui feraient frémir la nature s'ils venaient à être connus.

Le tribunat s'affaiblit à raison qu'augmentent ses membres. Rome nous en offre l'exemple, où ils ne furent d'abord que deux, puis cinq, et enfin dix. L'ingénieux Rousseau dit avec vérité : « Le sénat romain les laissa faire, bien sûr de « contenir les uns par les autres ; ce qui ne man- « qua pas d'arriver. »

Pour parer à ce grand inconvénient, il est un moyen bien puissant à employer : c'est celui de ne pas rendre le tribunat permanent.

CHAPITRE VI.

De la dictature.

Le législateur doit bien faire attention de ne point affermir les institutions politiques, de manière à ne pouvoir en suspendre l'effet lorsque le cas l'exige. Mais il ne peut y avoir que les dangers les plus pressans qui permettent de troubler l'inflexibilité des lois. Le salut de la patrie peut seul l'autoriser. Alors il faut centraliser le pouvoir, et le donner à un citoyen dont la moralité bien connue soit une garantie contre l'ambition. La force des lois n'est point altérée jusque-là; c'est celle du gouvernement. Si le danger est tel que les lois soient un motif pour agrandir le mal, il faut nécessairement un chef suprème qui les fasse taire. L'autorité législative n'est point abolie par cette nomination, elle n'est que suspendue.

Le sénat romain mettait ce premier moyen à exécution lorsqu'il chargeait les consuls de veiller au salut de la patrie. Le second avait lieu lorsque un des consuls était nommé dictateur. Dans les premiers temps de la république, on eut souvent recours aux dictateurs, à cause de l'instabilité des choses. Il est à remarquer que tous ceux qui furent nommés à cette terrible charge se hâtèrent de s'en démettre avant l'expiration du temps. Sur les derniers temps de la république, les Romains tombèrent dans l'excès contraire, c'est-à-dire qu'ils n'eurent point recours assez souvent à la dictature.

Les Romains ne pouvaient se défendre sans doute d'un sentiment secret qui ne leur laissait point ignorer l'état de leur faiblesse; aussi redoutèrent-ils souvent de nommer un dictateur, dans la crainte de se donner un maître. Les Romains n'avaient pas tort, car Sylla et César prouvèrent combien leurs craintes étaient fondées.

Il faut toujours fixer à un terme très court le temps de cette importante charge. Il est à redouter que si la durée en est trop longue, elle ne dégénère en tyrannie. Les décemvirs, à Rome, usurpèrent la suprême puissance pour avoir prolongé de plus d'une année leurs fonctions.

Les dictateurs ne furent jamais nommés que pour six mois, et tous abdiquèrent avant ce temps.

———

CHAPITRE VII.
De la censure.

La loi, avons-nous dit, est la manifestation de la volonté générale; on peut ajouter que la censure est la déclaration de l'opinion publique.

Il ne faut point établir de distinctions entre les mœurs d'un peuple et l'objet qui captive son estime, car c'est le même principe qui leur donne l'existence.

L'opinion est la seule chose qui décide du choix de leurs plaisirs. Il faut surtout bien asseoir son jugement pour connaître le jugement même qu'on porte à cet égard, et, comme l'observe Rousseau, «qui juge des mœurs juge de «l'honneur, et qui juge de l'honneur prend sa «loi de l'opinion.»

La constitution d'un peuple donne naissance à ses opinions, et quoique les mœurs ne soient point réglées par les lois, c'est néanmoins la législation qui leur assigne une bonne ou mauvaise route. Ainsi quand les mœurs dégénèrent, c'est une preuve certaine de la faiblesse de la législation, et la force des censeurs n'y peut rien.

Si les lois perdent leur vigueur, tout est anéanti, et rien n'est assez puissant pour remédier au mal. La censure ne rétablira jamais les mœurs, mais elle peut les conserver quand le système de la législation est bon par lui-même. Je n'ai pas besoin d'observer que je parle ici d'un peuple neuf, car lorsqu'une nation a parcouru son cercle de civilisation, elle n'a atteint cette période que par la dégénération des mœurs, et par conséquent de ses institutions. Un homme cassé par les années ne peut jamais rattraper la vigueur de son jeune âge, et plus il vieillit, plus il approche du terme de sa carrière. Il en est de même d'un peuple.

Il faut établir des censeurs durant la force des lois; alors ils maintiendront les mœurs en empêchant l'opinion de se corrompre.

L'opinion publique est exempte de contrainte; ainsi le tribunal établi pour la juger (les censeurs) doit en bannir jusqu'au nom. Ce puissant moyen de soutenir les bonnes mœurs a été constamment méconnu des modernes. Les Romains et les Lacédémoniens surent employer ce ressort avec tout l'avantage dont il est si susceptible.

CHAPITRE VIII.

De la religion civile.

Je vais finir cette analyse générale du Contrat Social par celle du dernier chapitre intitulé de la *religion civile*. Ce système existe-t-il ou non, je ne résoudrai pas ce problème. Le lecteur n'ignore pas que je ne suis que simple analyste; mon intention est de ne me permettre, dès le début, que peu de réflexions. Celles qui m'appartiendront exclusivement commenceront où finit l'analyse du chapitre proprement dit, et tel que l'a écrit Rousseau. Je sens combien cette matière est délicate. Loin de moi l'idée absurde de vouloir établir les devoirs inspirés par les consciences, sous le rapport religieux. Je ne veux ni ne dois entrer dans aucune controverse théologique. Je dois respecter les croyances avant tout. Je les considère même, quand on les possède de bonne foi, comme un dogme consolateur. D'ailleurs, puis-je oublier, d'un autre côté, que Jean-Jacques était calviniste, et comme tel, ennemi du catholicisme.

Les premiers rois que les hommes reconnurent furent les Dieux. Leur premier gouvernement fut par conséquent le théocratique.

Il y eut bientôt autant de Dieux que de peuples, par cela même que Dieu était mis à la tête des sociétés politiques. Deux peuples voisins et presque toujours ennemis ne purent reconnaître long-temps le même Dieu; c'est ce qui engendra le polythéisme. L'intolérance théologique ou civile, ce qui est la même chose, le suivit immédiatement.

Sous le paganisme, on ne vit jamais s'élever des guerres de religion. La raison est que chaque gouvernement ayant alors son culte particulier, on n'établissait point de distinctions entre les Dieux et les lois. Ce qui prouve combien chaque peuple tenait à l'adoration de ses Dieux propres, c'est la persécution que firent éprouver aux Juifs les Babyloniens et les Syriens, pour n'avoir pas voulu reconnaître les leurs.

Chaque religion était inviolablement attachée aux lois de chaque état. Lorsqu'on voulait convertir un peuple, il fallait le vaincre, et la première loi qui leur fut imposée fut de changer de religion. Les Romains un peu plus tolérans se contentèrent quelquefois de faire offrir par le vaincu une couronne au Jupiter du Capitole.

Lorsque les Romains étendirent au loin le succès de leurs armes, ils étendirent aussi l'exercice de leur culte, mais souvent ils laissèrent aux vaincus leurs Dieux et leurs lois, comme le meilleur moyen de se faire des alliés sincères. Ce fut ainsi qu'accordant aux uns le libre exercice de leur culte, et aux autres prescrivant l'adoration de leurs Dieux, le paganisme fut bientôt connu dans tout l'univers.

Jésus vint et prêcha l'existence d'un royaume spirituel. Ce fut alors que le système *théologique* se sépara du système *politique*. L'état perdit ainsi son unité d'action, et cette perte occasionna les plus cruelles divisions. L'idée d'un royaume de l'autre monde (toute consolatrice qu'elle est), fit regarder les chrétiens comme des gens de mauvaise foi ; c'est à cela seul qu'il faut attribuer toutes les persécutions qu'ils ont éprouvées.

Les payens craignirent que l'ambition ne fût le principal mobile de la secte catholique; ils ne se trompaient point. Ces humbles chrétiens devinrent les fléaux de leurs voisins, et leur chef (le pape) un despote féroce.

Ce système du catholicisme avait fait naître un conflit dans les gouvernemens entre les princes et les lois de juridiction religieuse ; de sorte que le peuple ne savait s'il devait obéir aux princes ou aux prêtres : de là est résulté l'impossibilité d'établir une bonne police dans les états.

Il y a plusieurs peuples qui ont cherché vainement a rétablir l'ancien système ; mais c'était trop tard, le christianisme avait tout gâté. Mahomet est un des fondateurs de secte qui avait établi le plus adroitement sa doctrine. Il lia parfaitement le système réligieux avec le système politique, et tant que son plan fut ponctuellement suivi par ses successeurs , on ne vit paraître ni trouble, ni division. Il n'en est pas de même dans ce moment; car les Arabes, de floris-

sans qu'ils étaient, étant devenu de vils esclaves, ont laissé répandre dans leur secte le germe
du schisme; il a surtout éclaté dans celle d'*Ali*,
ainsi que dans la Perse où il exerce ses ravages.

Les souverains parmi nous ont voulu s'établir
chefs de l'église; ils n'en ont jamais été véritablement les maîtres, mais bien les ministres. L'intention de Paul 1er, chef d'un peuple neuf, et qui
voulait être aussi celui de la secte catholique
dans ses états, est une preuve non équivoque de
cette grande vérité. Il était facile de prédire à ce
potentat qu'il n'y réussirait point, à moins que
préalablement il eût détruit les prêtres du Christ
qui auront constamment la priorité. Paul eût pu
se convaincre de la véracité de mon raisonnement, en consultant les siècles de la première
et seconde race de nos rois, qui ont toujours été
soumis aux volontés du clergé. Malgré les nombreuses armées dont ils étaient entourés, ils ne
purent résister à des moines, dont la seule
arme était le don de parler aux consciences. La
force matérielle n'est rien, si elle a contre elle
la force morale.

Je voudrais que les princes fussent bien per-
suadés que là où il y aura des prêtres, il ne se-

ront jamais les maîtres; ces derniers, je le répète, l'emporteront sur eux, car ils règnent sur les ames : fondement terrible et inébranlable d'une grande puissance.

Il est donc plus qu'évident que partout où le clergé fera corps, il sera maître et législateur, ce qui fait deux puissances dans l'état avec l'autorité civile. A ce sujet, Rousseau dit avec toute raison, « qu'il faut bien remarquer que ce ne « sont pas tant ces assemblées formelles comme « celles de France qui lient le clergé en un « corps, que la communication des églises. La « communion et l'excommunication sont le pacte « social du clergé, pacte avec lequel il sera tou- « jours le maître des peuples et des rois. Tous « les prêtres qui communiquent ensemble sont « concitoyens, fussent-ils des deux bouts du « monde. Cette invention est un chef-d'œuvre « en politique ; il n'y avait rien de semblable « parmi les prêtres payens : aussi n'ont-ils jamais « fait un corps de clergé. »

Français ! lisez et relisez souvent cette réfléxion du philosophe de Genève ; vous y découvrirez toutes les causes de nos révolutions.

Bayle et *Warburton* sont tombés dans les

deux extrèmes, lorsqu'ils ont parlé du bon ou du mauvais effet du système religieux. Le premier pense que nulle religion n'est utile au corps politique ; l'autre croit que la catholique est essensiellement et exclusivement nécessaire. Bayle a tort dans son opinion, car la religion doit être considérée comme le fondement du pacte social, et Warburton parle en fanatique, car il est aisé de démontrer que l'intolérance du christianisme le rend souvent très nuisible.

Rousseau dit « que de tous les auteurs chré-« tiens *Hobbes* et le seul qui ait bien vu le mal « et le remède, qui ait osé proposé de réunir les « deux têtes de l'aigle, et de tout ramener à l'u-« nité politique. Il est positif que sans cette unité politique, jamais état ni gouvernement ne seront bien constitués ; mais il a dû voir que l'esprit dominateur du christianisme était incompatible avec son système, et que l'intérêt du prêtre serait toujours plus fort que celui de l'état. Ce n'est pas tant ce qu'il y a d'horrible et de faux dans sa politique, que ce qu'il y a de juste et de vrai, qui l'a rendue odieuse.

Je vais actuellement considérer la religion dans ses différens rapports.

La religion considérée dans ses rapports avec la société qui est générale ou particulière, peut se diviser en deux espèces : savoir, la religion de l'homme, et celle du citoyen.

La première, simple et sans autels, n'a d'autre culte que celui de Dieu ; sa pratique est celle de la morale la plus pure ; c'est celle de l'évangile tel que l'a prêché Jésus-Christ. C'est ce qu'on peut appeler le droit divin naturel.

La seconde, celle du citoyen, n'est écrite que dans le seul pays où elle est connue. Elle a ses dieux propres, et son culte prescrit par le pacte social de l'état. Hors du territoire du pays qui l'exerce, elle devient barbare.

Les lois et le culte sont inséparables dans l'infraction faite au corps politique. Le système religieux est par conséquent lié au système politique. Cette religion est celle des premières sociétés, comme je viens de le prouver dans ce même chapitre.

Il existe une troisième religion (dit Rousseau), c'est celle du prêtre. Cette religion est bizarre, parce que donnant aux hommes deux législations, deux chefs et deux patries, rend les devoirs qui y sont attachés contradictoires ; car il est difficile peut-être d'être à la fois dévot et citoyen : de là résulte l'existence d'un droit mixte auquel il serait impossible de donner une qualification. Cette troisième religion est évidemment mauvaise. Tout ce qui tend à rompre l'unité sociale est essentiellement vicieux : elle crée des institutions qui, mettant l'homme en contradiction avec lui-même, prouve suffisamment son manque de vertu.

La religion du prêtre, telle que l'entend Jean-Jacques, est la plus intolérante et la plus dangéreuse. La divinité n'y est plus rien ; l'ambition ou la cupidité en sont les deux grands motifs ; cette religion est malheureusement la plus commune. Aussi presque tous les peuples ne sont-ils en guerre que parce qu'ils gémissent sous le despotisme des prêtres en général. Mais le colosse est détruit, du moins en France : son existence a été de dix-huit siècles, ainsi que son empire. Des hommes éclairés ont prêché depuis long-temps l'absurdité de ce système, qui pendant si long-temps a maîtrisé le peuple le plus belliqueux. Le voile mystérieux qui en couvrait le dogme est déchiré. Ce sont les ministres eux-mêmes qu'il faut accuser de sa perte ; car ne considérant leur ministère que comme un état propre à servir leur bien-être particulier, et leurs mauvaises mœurs, ils ont prêché des principes que leur cœur désavouait. N'attachant plus à leurs fonctions ce caractère de vénération (que portaient les premiers pères de l'église), ils n'ont écouté que des sentimens entièrement étrangers à leur devoirs. Le trône corrompu agissait de concert avec eux pour soutenir une puissance dont ils avaient les premiers sapé les fondemens. Les prêtres, tout en recommandant la vertu, offraient par leurs vies déréglées l'exemple du contraire. Le peuple, en devenant plus éclairé, a ouvert les yeux, et reconnu enfin combien il avait été la dupe de leur charlatanisme, et le peu de confiance qu'il voue (malheureusement peut-être) aux ministres d'un culte éminemment nécessaire, enfante celle qu'il a pour le dogme lui-même. Ceci ne s'applique *uniquement* qu'à la religion du prêtre.

Cette révolution dans l'esprit religieux a dû paraître infaillible aux hommes instruits, qui, calculant l'avenir d'après le passé, savent à combien de révolutions le cœur humain est sujet. Ces mêmes philosophes, voyant la chose sous l'aspect philanthropique, gémissent des malheurs qui s'ensuivront; car ils n'ignorent point que le frein moral et terrible de la religion est indispensable pour arrêter les vices ou du moins pour les contraindre. Cette digue une fois rompue laisse répandre les eaux de ce torrent dévastateur sur des terres même lointaines, dont le limon fétide corrompt les plantes qu'il arrose.

Mais je reviens à mon sujet :

La religion du citoyen, ou religion politique, est bonne en ce qu'elle unit la religion avec l'amour de la patrie. C'est une théocratie dont le prince est le pontife, et les magistrats, les prêtres : mais aussi elle est mauvaise, parce qu'elle peut devenir intolérante, étant basée sur le mensonge, puisqu'en principe c'est chez le peuple que réside la souveraine puissance, et non dans un prince. Cette religion a ceci de dangereux, qu'elle fait agir un peuple, souvent sanguinaire, qui croit adorer ses dieux en leur immolant des victimes.

La meilleure religion est sans contredit celle qui est exempte de fables et d'absurdités, je veux dire celle de l'homme ou le christianisme. La doctrine de l'évangile en est le sincère interprète. Je parle de l'évangile tel que nous la donné Jésus-Christ; car les prêtres l'ont tellement dénaturé qu'il est aisé d'en reconnaître néanmoins la véritable et saine morale. Cette religion, loin d'être intolérante, est de nature à rapprocher tous les hommes, et d'en faire un peuple de frères. Il est vrai de dire que la morale de l'évangile peut seule consoler l'homme en l'éclairant. La tolérance est donc indispensable; mais il nous faut une religion bien établie dans la dépendance même du souverain. Les États-Unis d'Amérique ont été plus loin : il n'y a chez eux aucune religion nationale; mais quelques-uns de ses états ont fait une faute, dit un auteur, en excluant les prêtres des fonctions publiques. Je ne partage point cette opinion : il faut laisser les prêtres exclusivement à leurs fonctions sacerdotales; ils ont assez d'occupations dans l'ordre spirituel, s'ils veulent bien remplir leurs devoirs. Je regarderai leur introduction dans les fonctions civiles comme un malheur; car l'on sait par expérience qu'il est de leur essence de chercher à tout envahir.

Dans un état bien gouverné, un prêtre ne doit

avoir ni plus de priviléges ni moins de droits qu'un autre citoyen.

Un bon prêtre, pieux, sans superstition, charitable et tolérant, est un homme fait pour être chéri et respecté. Les prêtres, dans un état, sont faits pour prier, enseigner et donner de bons exemples, et ne peuvent, dans aucun cas, avoir une autorité quelconque sur les maîtres des empires. Dans le cas contraire, c'est une monstruosité aussi humiliante pour le chef de l'état que pernicieuse aux intérêts publics. La religion du Christ, dont ils sont les ministres, est celle qui surtout les exclut de toute autorité temporelle. C'est elle, en effet, qui leur a fait entendre ce langage sublime : *Rendez à César ce qui est à César; il n'y aura parmi vous ni premier, ni dernier; mon royaume n'est pas de ce monde.* Heureuse prévoyance de cette sage religion : car qui ignore que, dans les siècles reculés qui suivirent la guerre de Troye, le grand-prêtre Calchas assassina la fille d'Agamemnon, et que, dans le 16e siècle, deux évêques de Rome voulurent priver notre grand Henri IV du royaume de France. Oui, je le répète, la puissance sacerdotale temporelle est fatale au monde !

Rousseau commet un bien grand paradoxe, lorsqu'il avance «que la religion catholique, «n'ayant aucun rapport avec le corps politique, «laisse aux lois la seule force qu'elles tirent d'el-«les-mêmes. Bien plus, loin d'attacher les cœurs «à l'état, elle les en détache comme de toutes les «choses terrestres.» Il me semble que Jean-Jacques pousse les choses à l'extrême, car il suppose la société composée de petits esprits, tous esclaves de la bigoterie qu'il ne faut jamais confondre avec les sentimens bien entendus et toujours consolateurs d'une bonne religion. Je crois, au contraire, que le principal effet de ce culte du Christ étant de produire une douce union parmi les hommes, elle doit leur donner cette louable énergie qui convient aux âmes fortes, pour résister d'un commun accord aux principes destructeurs, quels qu'ils soient, du bon ordre social.

Rousseau dit encore : «Survient-il quelques «guerres, les citoyens marchent au combat sans «peine; nul ne songe à fuir. Ils font leur devoir, «mais sans passion pour la victoire, et savent plu-«tôt mourir que vaincre.» Il me paraît évident qu'il est encore tombé dans l'erreur; car, d'après lui, il n'y aurait que le fanatisme de religion qui ferait combattre les citoyens, et je soutiens que, de toutes les religions, celle du cœur, de l'homme, ou du christianisme enfin, est la seule qui ne fait point de fanatique, par cela même que l'intolérance lui est étrangère, et j'ose ajouter en horreur. Je parle de la religion catholique, mais non de celle du *prêtre…!* C'est bien différent.

Qui pourra nier que ce sentiment destructeur de l'intolérance n'est pas le principe qui donne la vie à la superstition. Ce ne sont pas les croisades sans doute qu'on me citera pour preuve du contraire. On sait aujourd'hui que l'esprit chevaleresque y entrait pour beaucoup, mû par l'intérêt qu'avaient les prêtres qu'on s'occupât d'augmenter et d'enrichir leur empire. Les croisés, en général, ne crurent point se battre pour le bonheur de ce monde; ils furent dans la ferme croyance que le seul bonheur spirituel les attendait en récompense de leur dévouement. Je partage à cet égard l'avis de Rousseau; cette guerre rentre dans celles du paganisme.

Il existe une profession de foi purement civile, et il appartient au souverain d'en fixer les articles, non comme dogmes religieux, mais comme dogme de la sociabilité. Aussi César plaidant pour Catilina, et tâchant d'établir le dogme de la mortalité de l'âme, Caton et Cicéron, pour le réfuter, ne s'amusèrent point à philosopher; ils se contentèrent de montrer que César parlait en mauvais citoyen, avançant une doctrine pernicieuse à l'état.

La religion civile doit avoir des dogmes simples, et surtout en petit nombre, tels que l'existence d'un être suprème, le bonheur des justes et la sainteté du contrat social. Je ne parle point de l'intolérance, puisqu'elle exclut tout principe d'union.

L'intolérance civile est la même que l'intolérance religieuse. Elles sont inséparables; car, là où existe l'intolérance théologique, il est impossible qu'elle n'étende pas ses rayons malfaisans sur une institution civile. Les rois alors ne sont évidemment que les premiers officiers des prêtres.

Le clergé, par exemple, s'était emparé du mariage qui n'est qu'un acte civil, car sans lui la société n'existerait pas. Il est clair que j'entends par le mariage l'union des deux sexes faite légitimement. Ce moyen de la part des prêtres, et dans leurs mains, était bien puissant. Chaque mariage leur donnait des sujets de plus, et l'on sait encore combien ils se sont enrichis par les dotations que faisaient en leur faveur des âmes faibles aux dépens d'héritiers naturels, souvent malheureux.

Le mariage dont les prêtres s'étaient emparé en France, avant la révolution, avait comme contrat civil des effets tels, qu'ils devaient être considérés comme base fondamentale de la société, ainsi que je viens de le dire. En supposant donc, comme le dit Jean-Jacques, qu'un clergé vienne à bout de s'attribuer à lui seul le droit de passer cet acte, droit qu'il doit nécessairement usurper dans toute religion intolérante, alors n'est-il pas clair qu'en faisant valoir à propos l'autorité de l'église, il rendra vaine celle du prince, qui n'aura d'autres sujets que ceux que le clergé voudra bien lui donner. Maître de marier ou de ne pas marier les gens, selon qu'ils auront ou n'auront pas telle ou telle doctrine, selon qu'ils admettront ou rejeteront tel ou tel formulaire, selon qu'ils lui seront plus ou moins dévoués, en se conduisant prudemment, et tenant ferme, n'est-il pas clair qu'il disposera seul des héritages, des charges, des citoyens, de l'état même, qui ne saurait subsister, n'étant plus composé que de bâtards. Mais, dira-t-on, on appellera comme d'abus, on ajournera, décrétera, saisira le temporel. Qu'elle pitié! Le clergé, pour peu qu'il ait, je ne dis pas du courage, mais du bon sens, laissera faire, et ira son train; il laissera tranquillement appeler, ajourner, décréter, saisir, et finira par rester le maître. Ce n'est pas, ce me semble, un grand sacrifice d'abandonner une partie, quand on est sûr de s'emparer du tout.

D'après les principes sur lesquels repose la théorie du Contrat Social de Jean-Jacques, il est évident qu'il ne doit point y avoir de religion nationale exclusive. Toutes les religions étant tolérées, aucune néanmoins n'a le droit d'émettre des dogmes contraires à l'ordre public. Mais celui qui oserait dire *hors de l'église point de salut,* ne peut trouver grâce devant la vengeance publique, et doit être chassé de l'état, à moins que ce dernier, étant dans une complète décadence, ne soit tout entier dans l'église dont le prince lui-même serait le pontife. Assurément, un tel dogme ne peut convenir à un gouvernement quelconque bien entendu; il ne peut être toléré que dans un gouvernement théocratique: je dois ajou-

ter que dans tout autre, il serait dangereux. Un
pareil système est en effet destructeur des principes d'équité et de justice, et l'absence de ces
deux sentimens est incompatible avec le bonheur
de l'homme.

Dans le dernier paragraphe de ce chapitre,
Jean-Jacques commet, selon moi, une hérésie politique et religieuse, lorsqu'il dit : « La raison sur
« laquelle on dit qu'Henri IV embrassa la reli-
« gion romaine, la devrait faire quitter à tout hon-
« nête homme, et surtout à tout prince qui saurait
« raisonner. » Il est inconcevable qu'un homme
aussi versé dans les hautes régions de la science
puisse avoir tracé un tel paradoxe. Les opinions
démocratiques, comme les sentimens de haine,
qu'en sa qualité de calviniste il avait voués à
la religion catholique, peuvent seuls nous expli-
quer un tel langage, aussi absurde qu'impolitique. Rousseau devait savoir mieux qu'un autre
les motifs qui présidèrent à l'abjuration de notre
bon prince; et s'il fût né avec un cœur français,
il aurait béni, à coup sûr, l'heureux moment où
ce père de la patrie conçut l'idée d'embrasser
le catholicisme. C'est à cette seule détermi-
nation que la France doit le règne paternel

d'Henri IV, *le seul roi dont le peuple ait gardé la mémoire.*

On croit qu'Henri IV demanda à des ministres protestans si l'on pouvait se sauver dans la religion romaine : *Oui, dirent-ils, pourvu qu'on soit honnête homme ;* et à des théologiens de Rome, si l'on pouvait se sauver dans la religion protestante, et que, sur leur réponse négative, il dit : *Il faut prendre le parti le plus sûr.* Je partage en entier l'opinion de ceux qui disent que cela a été imaginé par des écrivains ignorans ou de mauvaise foi. Le bon Henri avait bien un autre motif. Il était loin de cette crédule intolérance celui qui a écrit ces mots sublimes : *Ceux qui suivent tout droit leur conscience sont de ma religion, et moi je suis de celle de tous ceux-là qui sont braves et bons.* Voilà la profession de foi d'Henri IV, écrite de sa propre main. C'est un des meilleurs mots qui soient sortis de la bouche de ce grand prince, qui périt sous le fer homicide du jésuitisme.

Au moment de terminer cet ouvrage, et voulant présenter au public tout ce qui peut venger le catholicisme de ses ennemis, je vais entrer dans une digression touchant l'économie politique chrétienne qu'il ne faut pas confondre avec l'économie politique anti-chrétienne. Ce mot économie politique, qui paraît étranger au sujet que je traite, non seulement ne l'est pas, mais encore nous allons voir que ses résultats ont la plus grande analogie avec la marche et les progrès de la religion chrétienne, puisque l'une prend pour principe générateur de la richesse le sacrifice des biens de ce monde, et l'autre, la cupidité dans celui-ci.

Empruntant de nouveau, dans cette circonstance, le langage tracé par une plume éloquente, je vais en offrir au lecteur un exposé rapide et analytique, mais en le prévenant que ni l'élévation, ni les beautés du style pompeux de cet épisode, n'ont porté dans mon âme une entière conviction sur plusieurs des principes qu'il énonce.

Aujourd'hui tous les hommes, dit le célèbre écrivain, qui s'occupent sérieusement d'une partie quelconque des connaissances humaines, se sentent entraînés, même malgré eux, par un penchant irrésistible, vers les idées catholiques. Ce fait, l'un des plus remarquables de notre époque, est peu en harmonie avec les idées du philosophisme; mais il n'en est pas moins incon-

testable, et il a sa cause dans les grands travaux
entrepris par nos adversaires. Comme leurs progrès dans la voie de la science ont été rapides, ils
entrevoient déjà, si j'ose ainsi le dire, la nature
intime des choses, et, à travers les voiles qui les
séparent encore de notre Dieu, quelques rayons
de son ineffable majesté arrivent jusqu'à eux.
Quoi qu'ils fassent, ils ne peuvent donc plus
avancer, sans se trouver en sa présence, et, par
conséquent, ils ne peuvent demeurer incrédules
qu'à la condition de devenir stationnaires, c'est-
à-dire de perdre toute action sur l'intelligence
humaine. Ainsi l'homme, que l'amour de la
science avait d'abord éloigné de Dieu, ne pourra
bientôt plus satisfaire cet amour qu'en revenant
à Dieu, et le besoin de progrès qui fit jadis tant
de mal à l'église sera bientôt le plus puissant de
ses auxiliaires terrestres.

Cette heureuse et nouvelle nécessité a déjà sin-
gulièrement radouci le langage des plus éclairés
parmi les incrédules de nos jours, et vous cher-
cheriez vainement ailleurs que dans la lie de
leurs disciples l'outrageante âpreté de l'école
voltairienne. Il y a ainsi dans l'ordre intellectuel
un progrès réel, et qui en promet d'autres plus

grands encore. Toutefois, c'est surtout dans l'ordre matériel qu'apparaissent les indices d'un prochain changement. Tant que la philosophie anti-chrétienne n'avait attaqué que la raison de l'homme, tant qu'elle n'avait déchaîné que les plus grossières passions de notre nature, elle n'avait séduit que les esprits les plus vains, ou perverti que les cœurs les plus vils, et les uns et les autres forment partout une faible minorité. Aussi, quand elle voulut perdre des générations entières, elle ne renonça point à ses anciennes armes, mais elle fut en demander d'autres à un besoin que nous éprouvons, au besoin de notre bien-être matériel. Elle inventa donc l'économie politique, et, comme celle-ci est née hors du sein de l'église, ses premières paroles ont été des paroles de blasphème. Alors une double guerre fut faite à Dieu, et les nouveaux Titans, qui voulaient le détrôner, eurent recours à un des principaux axiômes de la nouvelle science, à la *division du travail*. Pendant que les uns, les plus hardis, s'attaquaient directement aux preuves de la religion, les autres, plus habiles, la minaient sourdement par des théories moins révoltantes, mais qui tendaient toutes à établir entre elle et la prospérité des peuples un fatal antagonisme. Les premiers rencontrèrent de vives résistances de la part de quelques savans catholiques; mais les autres n'en éprouvèrent aucune, et ils profitèrent admirablement de cette incurie.

Alors commença la grande apostasie du 18ᵉ siècle. L'amour de la famille, l'amour de la patrie, s'insurgèrent contre la religion, et les âmes les plus pures ne résistèrent au torrent qui emportait la multitude que par une grâce toute spéciale de la Providence. Jusqu'à ce moment, l'incrédulité avait seulement *enseigné*; à partir de cette époque, elle *gouverna*.

Cependant, il faut le reconnaître, l'erreur où tombèrent alors les catholiques eux-mêmes avait en soi quelque chose de plausible, et je la partagerais encore, si une triste expérience n'avait révélé les épouvantables conséquences du triomphe industriel de l'incrédulité; car notre religion est une religion toute de sacrifice. Elle exige de nous une continuelle abnégation, une constante résignation, et elle classe parmi les plus grands vices la soif désordonnée de la richesse.

Si les sacrifices du catholicisme étaient perdus pour la société; si les privations qu'il s'impose, son désintéressement, sa charité, sa foi, la pureté de ses mœurs, ne servaient à personne, nous n'aurions rien à répondre aux économistes anti-catholiques; mais en est-il ainsi! Lorsque Dieu m'accorde la grâce de subordonner mon intérêt personnel à l'intérêt de mon prochain et de la société, mon prochain et la société ne retirent-ils aucun avantage de mon obéissance à la loi divine. Le sacrifice chrétien, bien que son principe soit dans l'amour de Dieu, tourne donc toujours au profit de nos semblables, et, s'il appauvrit ceux qui le font, il enrichit le prochain. Je crois en avoir dit assez pour que chacun puisse formuler dans son esprit ce qui distingue fondamentalement l'économie politique chrétienne de l'économie politique anti-chrétienne. Cet épisode un peu métaphysique laisse beaucoup à désirer. L'auteur n'a pas tout dit encore; mais, ainsi que je l'ai annoncé précédemment, je n'ai voulu, en le faisant connaître par voie analytique, que me donner un puissant auxiliaire pour prouver que, malgré les fautes journalières des ministres du catholicisme, la sublime religion de l'évangile continuera, malgré ses détracteurs, à servir de code régulateur à la société.

Par la lecture de l'article ci-dessus du dernier chapitre du *Contrat Social*, on a pu facilement se convaincre que Jean-Jacques est anti-catholique, et laisse percer, à travers ses paradoxes politiques et religieux, une haine profonde contre les prêtres de cette religion. Je ne veux point m'ériger en défenseur de ces derniers; comme Rousseau, je leur reproche une grande intolérance avec un grand amour pour la domination, et d'avoir, sous beaucoup de rapports, dénaturé la morale sublime de l'évangile. Je les blâme surtout de la manie qu'ils ont de se mettre en évidence par des missions. Ils avilissent l'auguste caractère dont ils sont revêtus en paradant ainsi de ville en ville, sous le prétexte de faire entendre la parole de Dieu. Je les blâme encore d'établir dans leurs courses vagabondes des conférences particulières à tel ou tel sexe exclusivement, et même il en est parmi ces prêtres ambulans qui ont poussé l'oubli des convenances jusqu'à faire des conférences pour les jeunes personnes où les mères n'étaient point admises. Je demanderai à ces hommes, aussi imprudens qu'envahissans, depuis quand la présence d'une mère est de trop dans les préceptes qu'on donne à sa fille. Dans quel siècle vivons-nous donc, puisque l'on ose enlever à une mère le droit sacré et imprescriptible de veiller aux premières impressions sérieuses que reçoit celle qui lui doit l'existence, et à laquelle on apprend souvent, dans cet asile du mystère, ce qu'elle devrait ignorer? Pourquoi attiédir, chez les enfans, ces célestes inspirations de la confiance filiale, en rendant, pour ainsi dire, étrangères l'une à l'autre deux êtres faits, l'une pour guider avec tendresse les premiers pas dans la carrière de l'adolescence, et l'autre pour écouter avec une douce émotion les avis utiles et consolateurs d'une mère. Je déclare, avec cette franchise que m'inspire l'amour de l'ordre social et celui de la morale publique, que je fais des vœux pour que le gouvernement ne tolère plus un tel scandale. Ces missions sont évidemment perturbatrices de la société; car elles troublent souvent la paix des ménages. Espérons que ces causes de discorde ne se reproduiront plus, et qu'à l'avenir les fidèles reconnaîtront que les ministres des autels, spécialement attachés aux localités, suffisent amplement pour leur prêcher la morale si pure et si consolatrice de l'évangile.

Cependant, il faut le dire, un bon prêtre, pénétré de tous les devoirs de sa belle mission sur la terre, devient un être bienfaisant par ses conseils salutaires, dans les tribulations de la vie. Il en existe sans doute; mais j'avoue avec peine que le nombre est moindre qu'il ne devrait l'être. Je me trouve heureux de pouvoir témoigner ici l'admiration que j'éprouve (jointe au respect le mieux senti) pour les hautes vertus évangéliques d'un de nos prélats français. On devine aisément sans doute que je veux parler du respectable M. *de Cheverus*, archevêque de Bordeaux. Honneur, mille fois honneur à ce véritable prototype du prêtre du vrai Dieu. Si tous les ministres de nos autels, imitant son exemple, joignaient à la plus douce tolérance la charité la plus parfaite, nul doute que le catholicisme n'eût bientôt envahi le monde.

L'immortel auteur du Génie du Christianisme a dit avec raison que la religion chrétienne fut constamment attaquée soit par les sophistes qui détruisent tout en riant, soit par de sérieux paradoxes ou des jugemens trop sévères, comme l'a fait Rousseau. L'écrivain qui a fait le plus de mal à la religion, c'est Voltaire. Il eut l'art funeste de rendre l'incrédulité à la mode chez un peuple capricieux et aimable. Il enrôla tous les amours-propres dans cette ligue insensée. La religion fut attaquée avec toutes les armes depuis le pamphlet jusqu'à l'in-folio; depuis l'épigramme jusqu'au sophisme. Un livre religieux paraissait-il? L'auteur était à l'instant couvert de ridicule, tandis qu'on portait aux nues des ouvrages dont il était le premier à se moquer avec ses amis. Cependant le système destructeur répandait ses ravages sur la France. Enfin il fut reconnu que le christianisme n'était qu'un système barbare, dont la chute était indispensable pour la liberté, le progrès des lumières et l'élégance des arts.

Ce fut en vain que des hommes d'un esprit supérieur voulurent s'opposer à ce torrent. Toute résistance fut inutile; le mouvement du désordre général était donné.

Il est injuste, et c'est mal raisonner contre la religion, que de ne présenter que la longue énumération des maux qu'elle a faits, si l'on ne fait de même celle des biens qu'elle a produits. C'est elle, en effet, qui ordonne aux hommes de s'aimer, et qui veut que chaque peuple ait les meilleures lois civiles et politiques, parce qu'elles sont, après elle, le plus grand bien que les nations puissent recevoir. C'est le christianisme qui a civilisé le monde. Il a empêché le despotisme de s'établir dans les régions lointaines, malgré l'étendue des empires; il leur a fait connaître les charmes et les précieux avantages d'une bonne philanthropie.

Reproduisant les douces paroles d'un voyageur chrétien, je dirai avec lui que, quelque miraculeuse que soit la religion de nos pères, elle ne peut rien, si elle n'est pas secondée par de véritables institutions politiques, par des institutions vivantes, qui aient un corps et une âme, et qui se prêtent un mutuel appui; elle ne peut rien, si l'éducation, conforme à ses doctrines, ne conduit pas de bonne heure au but où elle a planté sa croix; si l'esprit de famille et de propriété ne fait pas lever et mûrir les semences qu'elle a répandues; si de curieux désirs appellent sans cesse les hommes hors de leur condition et de leur état. A défaut de cet accord dans toutes les parties morales d'un gouvernement, l'austère christianisme n'aurait plus que des exhortations insuffisantes, ou plutôt ses mandemens seraient souvent considérés comme une censure importune capable de blesser la faiblesse d'un siècle léger, qui, en effet, n'aurait réellement pas la force de porter un joug salutaire.

Fêtes du christianisme! qui fîtes le bonheur de nos pères, fêtes attendrissantes et sublimes dont les anniversaires se rattachaient au souvenir des plus douces émotions, vous n'avez jamais coûté une larme à l'innocence, un sacrifice à la pudeur, un tourment à l'amour-propre, une humiliation à la pauvreté. Jamais vos saintes voluptés n'ont épuisé l'épargne du père de famille; jamais votre lendemain n'eut d'amertume. Que les riches, que les favoris du siècle colorent le fantôme de leur vie à la lueur d'un plaisir qui n'est déjà plus; qu'ils changent d'ennuis pour chercher à ranimer les mourantes envies de leurs cœurs émoussés; tandis qu'ils sentaient l'impuissance de leur fortune, ces êtres simples et religieux goûtaient sans frais les délices des solennités chrétiennes : c'était *Pâques* enfin et ses cris de gloire et de résurrection, et ses mille pratiques immémoriales, et toutes ses traditions solennelles, embaumées du tribut des premières fleurs.

La religion catholique est la seule qui convienne à nos mœurs, parce que c'est la seule qui convienne à une monarchie. J'ai déjà dit à l'article *Démocratie* que la religion protestante s'accommoderait mieux d'une république. Sans revenir sur ce même sujet, j'observerai seulement que les peuples du Nord embrassèrent la religion protestante, et que ceux du Midi gardèrent la catholique : c'est que, comme l'observe très bien un grand publiciste, les peuples du Nord ont et auront toujours un esprit d'indépendance et de liberté orageuse que n'ont pas les peuples du Midi, et qu'une religion, qui n'a pas de chef visible, convient mieux à l'indépendance du climat que celle qui en a un.

Il est très vrai de dire que, de toutes les religions, la religion chrétienne est la plus humaine et la plus favorable à la liberté bien entendue, mais non réformatrice; que le monde moderne lui doit tout; que la morale est divine, puisque c'est celle de l'évangile, et que son origine est céleste. On doit ajouter, sans craindre de blesser la vérité, qu'elle favorise le génie, relève et ennoblit l'âme; qu'elle développe les idées généreuses en lui donnant de la vigueur. Elle est la consolatrice des malheureux en leur montrant sans cesse un meilleur avenir, la fin de leurs maux, et la récompense qui les attend en dédommagement des souffrances qu'ils ont patiemment supportées par l'effet de ses inspirations. Enfin je ne puis mieux terminer cet ouvrage qu'en reproduisant aux yeux du lecteur cette sublime pensée de l'immortel auteur de l'*Esprit des Lois* : *Chose admirable ! la religion chrétienne, qui ne semble avoir d'objet que la félicité de l'autre vie, fait encore notre bonheur en celle-ci.*

CONCLUSIONS.

Après avoir posé, par analyse, les vrais principes du droit politique des nations, et cherché à établir les bases sur lesquelles repose l'édifice du corps social, ma tâche est remplie. J'ai voulu présenter le tableau de mes recherches pour découvrir la nature des trois espèces de gouvernemens qui régissent le monde. Il s'ensuit, comme on a pu s'en convaincre, que le gouvernement *monarchique* est celui où un seul gouverne, mais par des lois fixes et établies; que le *républicain* est celui où le peuple en corps, ou seulement une partie du peuple, a la souveraine puissance; et que le *despotique* est celui où un seul, sans lois et sans règles, entraîne tout par sa volonté et ses caprices.

On va me trouver peut-être entreprenant d'avoir offert ainsi, à l'attention de mes lecteurs, l'analyse raisonnée du *Contrat Social*, accompagnée de mes propres réflexions, qui ne sont pas toujours en harmonie avec celles du philosophe de Genève, ce géant de l'éloquence du style. Ce n'est pas sans une juste crainte que je me suis livré à ce travail. J'ai puisé mes convictions dans les œuvres des grands régulateurs des pensées humaines.

Arrivé à l'âge où l'on sent toute la dignité du repos, j'ai voulu, comptant sur l'indulgence du public, laisser, après moi, quelques traces fugitives de mes faibles travaux. Cet ouvrage est celui d'un homme, ami de l'ordre public, qu'une haute opinion, toujours si déplacée de soi-même, n'a jamais entraîné vers des illusions trompeuses. Je cherche à convaincre la société, avec autant d'abandon que de désintéressement. Combien je me trouverais heureux, si les accens que je viens de faire entendre pouvaient contribuer à régulariser quelques idées d'une politique conservatrice! Espérons que tout secondera, en France, les efforts magnanimes des gens de bien, pour opérer la régénération morale qu'elle implore, et dont ses enfans sentent parfois l'impérieux besoin. Tout pourrait favoriser encore le retour des institutions fondamentales, seules capables de changer en vertus durables les émotions passagères, et les explosions de l'enthou-

siasme. Les esprits en France commencent à se
dégoûter de vains systèmes : le règne de l'erreur,
c'est-à-dire, l'absence des principes conserva-
teurs n'est que passager. On ne veut plus s'abandonner à une vague inquiétude, et c'est dans la
vérité seule qu'on trouvera le vrai remède.

En traçant les travaux et réflexions politiques
qui se trouvent dans l'ouvrage que je viens d'offrir au lecteur, j'ai pu dire, à l'exemple de l'ami
de Tancrède : *Je ne suis qu'un soldat et je n'ai
que du zèle.* Voyageur inconnu, j'ai osé parcourir, l'analyse à la main, la même route que le
grand publiciste dont j'ai cherché à réduire les
pensées à leur plus simple expression. Qu'on me
pardonne cette témérité en faveur de mes bonnes
intentions. Ainsi que je l'ai déjà déclaré, j'écris
sans haine et par conviction. Dépouillé de toute
espèce d'ambition, je ne veux rien, je ne demande rien : mais j'ai voulu faire connaître, par
cet écrit, la part et la sollicitude qu'en ma qualité
de bon Français je prends à la situation morale
de ma belle patrie, dont je suis idolâtre. Voilà ma
profession de foi ; elle est aussi sincère que dé-
pouillée d'artifice. Puissent ceux qui auront eu
l'indulgence de lire ce faible essai, se convaincre

que ma plus chère récompense sera d'apprendre
que j'ai su, quelques instans, captiver leur bienveillant intérêt, et croire aussi que je ne cherche
autre chose, dans ce voyage momentané de la
vie, que la position, si consolatrice pour un honnête homme, de vivre en paix avec lui-même et
l'estime de ses concitoyens.

FIN.

TABLE DES MATIÈRES.

LIVRE III.

OÙ IL EST TRAITÉ DES LOIS POLITIQUES, C'EST-À-DIRE
DE LA FORME DU GOUVERNEMENT.

LIVRE IV.

OÙ, CONTINUANT DE TRAITER DES LOIS POLITIQUES, ON EX-
POSE LES MOYENS D'AFFERMIR LA CONSTITUTION DE L'ÉTAT.

www.ingramcontent.com/pod-product-compliance
Lightning Source LLC
LaVergne TN
LVHW021634060726
842527LV00003B/649